平云旺

律师

北京大学法学院硕士。现为大成律师事务所高级合伙人、常务委员会委员、业务标准化建设委员会主任、金融专业委员会主任、场外市场（三板四板）专业委员会主任，北京大学法学院硕士生兼职导师、中国政法大学硕士生兼职导师。

平云旺律师在IPO、新三板、投资融资、并购重组等领域具有丰富的经验，先后为近百家金融机构、大型国有企业、民营企业、外商投资企业提供法律服务。

平云旺律师在资本市场领域业绩有，奥康国际(603001)、盛屯矿业(600711)、拓尔思(300229)、巨龙管业(002619)、天一众合(430089)、安普能(430136)、康辰亚奥(430155)、青鸟软通(831718)、乐克科技(832125)、顶峰影业(832927)、瑞奥电气(833106)、中盈科技(833124)、同济设计(833427)等。

新三板

挂牌操作实务与业务要点解析

挂牌准备　挂牌流程　资本运作　业务技巧

平云旺　◎著

中国法制出版社

CHINA LEGAL PUBLISHING HOUSE

家，新三板早已超过沪深两市 A 股公司总数。当之无愧成为中国最大的资本市场。

从扩张速度来看，新三板公司从 3000 家到 4000 家用了 73 个工作日，而从 4000 家到 5000 家则只用了 34 个工作日，挂牌速度提升 1 倍。

尽管新三板市场已经火爆异常，但目前该资本市场仍旧处于发展之中，而且还有很大的发展空间，如果将其比作一个宝藏，那么这个宝藏的财富和价值还远远没有被挖掘出来。更重要的是，新三板是撬动资本市场的一个杠杆，其发展势必会带动整个资本市场的发展。因此，我国的资本市场需要更多的企业、投资者、中介机构参与到新三板市场当中去，进一步促进市场的发展和开发，而掌握新三板的操作实务及业务要点则是这一切的前提。

本书注重新三板挂牌实务，首先从挂牌的准备工作开始，介绍挂牌流程，指导挂牌后的资本运作，每章都结合实际案例，让打算申请挂牌新三板的企业了解新三板最直观、最真实的一面；同时，不忘从投资者角度分析新三板的投资业务，指点投资技巧；最后从法律和监管的角度为新三板企业提供规范和支持。

本书从实际出发，虽没有为基础理论知识设立章节，但在实务解析中蕴含了对理论知识的应用。每项实务操作对应了恰到好处的案例，读者可以从相关案例的解析中获得最直接的帮助。

目 录
CONTENTS

第二章 PART TWO
新三板挂牌流程

第三章 PART THREE
新三板的资本运作

第四章 PART FOUR
新三板的投资业务与投资技巧

第五章　PART　FIVE
新三板的监管部门

第六章　PART　SIX
新三板挂牌涉及的主要法律问题

第一章
新三板挂牌的准备工作

第一节 申请挂牌新三板的条件

1. 依法设立且存续满两年

一、依法设立，是指公司依据《公司法》等法律、法规及规章的规定向公司登记机关申请登记，并已取得《企业法人营业执照》。

1. 公司设立的主体、程序合法、合规。

（1）国有企业需提供相应的国有资产监督管理机构或国务院、地方政府授权的其他部门、机构关于国有股权设置的批复文件。

（2）外商投资企业须提供商务主管部门出具的设立批复文件。

（3）《公司法》修改（2006年1月1日）前设立的股份公司，须取得国务院授权部门或者省级人民政府的批准文件。

实践中拟挂牌转让企业历史沿革中曾有国有企业或者国有创投公司投资退出的情形，需要特别关注其投资、退出时是否履行了国有股权投资、退出的法律程序。例如，以下关注点是否存在：

①投资时，是否经有权部门履行了决策程序，是否对拟投资的公司进行过评估、备案，是否需要国有资产监督管理部门批准。

②增资扩股时，是否同比例增资，如未同比例增资，是否履行评估、备案

手续。

③国有股退出时是否履行了评估、备案，是否在产权交易所进行了交易，是否需要国有资产监督管理部门批准。

如果该拟挂牌股份公司存在以上部分情形，则需要尽早聘请相关中介机构对其进行梳理，协助其补充完善相关法定手续，以免在其设立的历史沿革问题上浪费时间。

2. 公司股东的出资合法、合规，出资方式及比例应符合《公司法》相关规定。

（1）以实物、知识产权、土地使用权等非货币财产出资的，应当评估作价，核实财产，明确权属，将财产权转移手续办理完毕。

（2）以国有资产出资的，应遵守有关国有资产评估的规定。

（3）公司注册资本缴足，不存在出资不实情形。

实践中拟挂牌转让的企业为高新技术企业的，多存在股东以无形资产评估出资的情况，中介机构需要特别关注以下几个问题：

①无形资产是否属于职务成果或职务发明

如果属于股东在公司任职的时候形成的，无论是否以专利技术或者非专利技术出资，股东都有可能涉嫌利用公司提供物质或者其他条件完成的该等职务成果（职务发明），该等专利技术或者非专利技术应当属于职务成果（职务发明），应当归属于公司。

因为职务成果或者职务发明已经评估、验资并过户至公司，此种情况下，一般的做法是通过减资程序规范，财务上将已经减掉的无形资产做专项处理，并将通过减资置换出来的无形资产无偿赠送给公司使用，但是此种情况下，该等无形资产研发费用不能计提。

需要注意的是，有些地方工商登记部门允许企业通过现金替换无形资产出资处理无形资产出资不规范问题。但是大部分工商登记部门因为没有法律相关规定的原因，拒绝公司通过现金置换无形资产出资的方案。减资是公司法允许的方案，工商登记部门容易接受，但是不能进行专项减资，即专项减掉无形资产，但是会计师可以在减资的验资报告进行专项说明公司本次减资的标的是无形资产。

②无形资产出资是否与主营业务相关

有些企业为了申报高新技术企业，创始股东与大专院校合作，购买与公司主营业务无关的无形资产通过评估出资至公司，或者股东自己拥有的专利技术或者非专利技术后来因为种种原因，虽然评估出资至公司，但是公司后来由于主营业务发生变化或者其他原因，公司从来没有使用过该等无形资产，则该等行为涉嫌出资不实，需要通过减资程序予以规范。

③无形资产出资是否已经到位

有些企业股东以无形资产出资至公司，但是后续并未办理资产过户手续，该等情形一般可根据中介机构的意见在股改前整改规范即可。

有些公司在创业初期存在找中介公司进行代验资的情形，也有一些从事特殊行业的公司，相关法律规定注册资本达到一定的标准才可以从事某些行业或者可以参与某些项目的招投标而找中介公司进行代验资的情形。该等情形涉嫌虚假出资，大部分企业在处理该等问题时，将验资进来的现金很快转给中介公司提供的关联公司，而拟挂牌公司在财务报表上以应收账款长期挂账处理。该等情况的解决方案，一般是公司股东找到相关代验资的中介，由股东将曾经代验资的款项归还给该中介，并要求中介机构将公司目前挂的应收账款收回。如果拟挂牌公司已经将代验资进来的注册资本通过虚构合同的方式支付出去，或者做坏账消掉，则构成虚假出资。在该等情形下，中介机构需要慎重处理，本着解决问题，规范公司历史上存在的法律瑕疵，在公司没有造成损害社会及他人利益的前提下，公司应当根据中介机构给出的意见进行补足，具体应当以审计师给出的意见做财务处理。

二、存续两年，是指存续两个完整的会计年度。

根据《中华人民共和国会计法》（1999 修订），会计年度自公历 1 月 1 日起至 12 月 31 日止。因此两个完整的会计年度实际上指的是两个完整的年度。

有限责任公司按原账面净资产值折股整体变更为股份有限公司的，存续时间可以从有限责任公司成立之日起计算。整体变更不应改变历史成本计价原则，不应根据资产评估结果进行账务调整，应以改制基准日经审计的净资产额为依据折合为股份有限公司股本。申报财务报表最近一期截止日不得早于改制基准日。

根据《公司法》第九十五条"有限责任公司变更为股份有限公司时，折合的实收股本总额不得高于公司净资产额"。公司股改时一般都是以公司净资产进行折股，需要注意的是公司股改时，股东出资已经全部缴纳，即注册资本和实收资本是一致的。因此，公司经审计师审计后的净资产不能低于公司的实收资本，换一种说法就是公司可以亏损，但是不能亏损到审计后的净资产低于实收资本（注册资本），如果审计后的净资产低于实收资本，那只有一种方式就是进行减资，将实收资本减少到低于公司的净资产，当然此种情况减少的注册资本实际是亏损的部分。此种情况可以解决公司股改的问题，但是带来了另外一个问题，公司是否具有持续盈利能力，如果企业是因为过去亏损造成的，但是报告期持续盈利，能够解释清楚的，此问题不会对公司挂牌造成实质性障碍。

关于公司应当如何按照净资产折股，除了公司法第九十五条的规定，相关法规并没有对净资产折股比例做出规定，一般情况下，折股比例不能低于1∶1，即1元净资产折1股。但是大多数情况下，出于谨慎的财务处理企业会留一部分净资产进入资本公积，即一般情况下都是按照1元以上的净资产折1股的方式折股的。

2. 业务明确，具有持续经营能力

一、业务明确，是指公司能够明确、具体地阐述其经营的业务、产品或服务、用途及其商业模式等信息。

二、公司可同时经营一种或多种业务，每种业务应具有相应的关键资源要素，该要素组成应具有投入、处理和产出能力，能够与商业合同、收入或成本费用等相匹配。

1. 公司业务如需主管部门审批，应取得相应的资质、许可或特许经营权等。

2. 公司业务须遵守法律、行政法规和规章的规定，符合国家产业政策以及环保、质量、安全等要求。

三、持续经营能力，是指公司基于报告期内的生产经营状况，在可预见的将来，按照既定目标持续经营下去的能力。

1. 公司业务在报告期内应有持续的营运记录，不应仅存在偶发性交易或事项。营运记录包括现金流量、营业收入、交易客户、研发费用支出等。

2. 公司应按照《企业会计准则》的规定编制并披露报告期内的财务报表，公司不存在《中国注册会计师审计准则第 1324 号——持续经营》中列举的影响其持续经营能力的相关事项，并由具有证券期货相关业务资格的会计师事务所出具标准无保留财务报表被出具带强调事项段的无保留审计意见的，应全文披露审计报告正文以及董事会、监事会和注册会计师对强调事项的详细说明，并披露董事会和监事会对审计报告涉及事项的处理情况，说明该事项对公司的影响是否重大、影响是否已经消除、违反公允性的事项是否已予纠正。

3. 公司不存在依据《公司法》第一百八十一条规定解散的情形，或法院依法受理重整、和解或者破产申请。

3. 公司治理机制健全，合法规范经营

一、公司治理机制健全，是指公司按规定建立股东大会、董事会、监事会和高级管理层（以下简称"三会一层"）组成的公司治理架构，制定相应的公司治理制度，并能证明有效运行，保护股东权益。

1. 公司依法建立"三会一层"，并按照《公司法》《非上市公众公司监督管理办法》及《非上市公众公司监管指引第 3 号——章程必备条款》等规定建立公司治理制度。

2. 公司"三会一层"应按照公司治理制度进行规范运作。在报告期内的有限公司阶段应遵守《公司法》的相关规定。

3. 公司董事会应对报告期内公司治理机制执行情况进行讨论、评估。

二、合法合规经营，是指公司及其控股股东、实际控制人、董事、监事、高级管理人员须依法开展经营活动，经营行为合法、合规，不存在重大违法违规行为。

1. 公司的重大违法违规行为是指公司最近 24 个月内因违犯国家法律、行政法规、规章的行为，受到刑事处罚或适用重大违法违规情形的行政处罚。

（1）行政处罚是指经济管理部门对涉及公司经营活动的违法违规行为给予的行政处罚。

（2）重大违法违规情形是指，凡被行政处罚的实施机关给予没收违法所得、没收非法财物以上行政处罚的行为，属于重大违法违规情形，但处罚机关依法认定不属于的除外；被行政处罚的实施机关给予罚款的行为，除主办券商和律师能依法合理说明或处罚机关认定该行为不属于重大违法违规行为的外，都视为重大违法违规情形。

2. 控股股东、实际控制人合法合规，最近 24 个月内不存在涉及以下情形的重大违法违规行为：

（1）控股股东、实际控制人受刑事处罚；

（2）受到与公司规范经营相关的行政处罚，且情节严重；情节严重的界定参照前述规定；

（3）涉嫌犯罪被司法机关立案侦查，尚未有明确结论意见。

3. 现任董事、监事和高级管理人员应具备和遵守《公司法》规定的任职资格和义务，不应存在最近 24 个月内受到中国证监会行政处罚或者被采取证券市场禁入措施的情形。

三、公司报告期内不应存在股东包括控股股东、实际控制人及其关联方占用公司资金、资产或其他资源的情形。如有，应在申请挂牌前予以归还或规范。

四、公司应设有独立财务部门进行独立的财务会计核算，相关会计政策能如实反映企业财务状况、经营成果和现金流量。

4. 股权明晰，股票发行和转让行为合法合规

一、股权明晰，是指公司的股权结构清晰，权属分明，真实确定，合法合规，股东特别是控股股东、实际控制人及其关联股东或实际支配的股东持有公司的股份不存在权属争议或潜在纠纷。

1. 公司的股东不存在国家法律、法规、规章及规范性文件规定不适宜担任股东的情形。

2. 申请挂牌前存在国有股权转让的情形，应遵守国资管理规定。

3. 申请挂牌前外商投资企业的股权转让应遵守商务部门的规定。

二、股票发行和转让合法合规，是指公司的股票发行和转让依法履行必要

内部决议、外部审批（如有）程序，股票转让须符合限售的规定。

1. 公司股票发行和转让行为合法合规，不存在下列情形：

（1）最近 36 个月内未经法定机关核准，擅自公开或者变相公开发行过证券；

（2）违法行为虽然发生在 36 个月前，目前仍处于持续状态，但《非上市公众公司监督管理办法》实施前形成的股东超 200 人的股份有限公司经中国证监会确认的除外。

2. 公司股票限售安排应符合《公司法》和《全国中小企业股份转让系统业务规则（试行）》的有关规定。

三、在区域股权市场及其他交易市场进行权益转让的公司，申请股票在全国股份转让系统挂牌前的发行和转让等行为应合法合规。

四、公司的控股子公司或纳入合并报表的其他企业的发行和转让行为须符合本指引的规定。

5. 主办券商推荐并持续督导

企业申请挂牌须经主办券商推荐，双方签署《推荐挂牌并持续督导协议》。主办券商应完成尽职调查和内核程序，对公司是否符合挂牌条件发表独立意见，并出具推荐报告。

在企业改制挂牌工作中，主办券商负责协调、指导企业规范历史遗留问题，帮助规范公司的治理结构，完善企业内部控制制度，提高治理水平；帮助企业规划战略，设计改制方案，总体把握企业改制是否满足规范性要求，是否达到挂牌的基本条件；在改制挂牌工作中牵头协调企业和其他中介机构的工作，把握时间进度；对拟挂牌企业进行尽职调查，指导企业制作申请挂牌的全套资料；指导企业完成挂牌审核过程中全国股份转让系统反馈意见的回复工作，指导企业完成股份登记托管、挂牌等事宜。

主办券商持续督导所推荐挂牌公司诚实守信、规范履行信息披露义务、完善公司治理机制。主办券商对所推荐挂牌公司信息披露文件进行事前审查。

企业在全国股份转让系统挂牌，是走进公开资本市场的第一步，挂牌之后发行股票融资、发行债券及证券衍生品、做市交易、并购重组等业务将会频繁发生。由于推荐挂牌的主办券商与企业的天然关系，一般能够在后续资本运作中起到重要的作用。

6. 本节相关案例

一、北京网动科技有限公司设立时股东资格存在法律瑕疵

北京网动科技有限公司（简称网动科技，股票代码 430224），前身为北京讯网天下科技有限公司，成立于 2009 年 2 月 18 日。2012 年 2 月 15 日，公司由有限责任公司整体改制为股份有限公司，2013 年 7 月 3 日以 500 万注册资本挂牌新三板。公司主要经营计算机软硬件及其他电子产品的设计、组装、销售；计算机系统集成服务；ICP 特许经营等。

2009 年 2 月，公司股东马滨与股东李明及北京网动科技有限公司共同设立有限公司，公司设立时马滨已具有澳大利亚国籍，但因其对外商投资法律制度缺乏了解，因此投资事项未申请设立外商投资企业。依据讯网天下设立时的《内资企业设立登记（备案）审核表》及北京市工商局海淀分局颁发的营业执照，公司的性质为内资企业。2012 年 6 月，马滨于讯网天下减资时退出了该公司，马滨以外籍身份出资设立有限责任公司并持有讯网天下股权的法律瑕疵因此得到消除。

讯网天下已于 2012 年 9 月由有限责任公司整体变更为股份有限公司，该整体变更行为和股份公司设立后的股权结构合法、合规、真实、有效。股份公司不存在终止经营或被吊销营业执照的情形。

股份公司现有股东已出具承诺函，承诺：本公司前身北京讯网天下科技有限公司成立时，其股东马滨已取得澳大利亚国籍，马滨以外籍身份出资设立有限责任公司并持有讯网天下股权，其股东资格存在法律瑕疵。该问题已因马滨于讯网天下 2012 年 6 月减资时退出该公司而得到消除。如政府主管机关因马滨以外籍身份设立有限责任公司并持有有限公司股份的股东资格法律瑕疵对本公司进行处罚，将由公司现有股东最终按现有持股比例承担公司因此受到的全部经济损失，该责任为连带责任，无需公司承担任何费用。

马滨在有限公司设立时的股东资格法律瑕疵已因马滨于讯网天下 2012 年 6 月减资时退出公司而得到消除。2012 年 11 月 15 日，北京市工商行政管理局海

滨分局出具《证明》：证明公司近两年没有因违反工商行政管理法律法规受到查处的记录。马滨在有限公司设立时的股东资格法律瑕疵不会对公司的持续经营、申请挂牌的主体资格产生实质性影响。

二、信诺达如何在挂牌前解决对主要客户存在销售依赖的问题

北京信诺达泰思特科技股份有限公司（简称信诺达，股票代码430239）成立于2008年10月14日，2012年12月3日整体改制为股份有限公司，并于2013年7月5日以632万元的注册资本挂牌新三板。公司主要经营技术推广服务，基础、应用软件服务，进出口，销售电子产品、机械设备、计算机、软件及辅助设备，委托加工电子产品兼营业务等。

2011年、2012年公司对前五名客户的销售额占比主营业务收入分别为100%和93.62%。2012年公司与镇江艾科半导体有限公司合作，销售额达到1093.592309万元，占公司全年收入的79.58%。公司存在对主要客户销售依赖的问题。

公司2011年、2012年营业收入分别为110.986641万元、1374.212670万元，2012年收入大幅增加主要原因为与镇江艾科半导体有限公司的业务合同（销售收入1093.592309万元）占公司全年收入比例较高，达79.58%，致使公司当期营业收入出现波动。公司目前的客户数量较少，且未与销售客户签订长期合作协议，若公司与镇江艾科半导体有限公司终止合作关系，公司又无其他大额销售合同弥补未来销售额下滑，公司未来的收入及盈利水平将可能受到较大影响。

2011年、2012年公司对前五名客户的销售金额占比主营业务收入分别为100%和93.62%。2011年，公司全部3家客户为中国电子科技集团公司第54研究所、中国人民解放军某部队科研所和重庆金美通信有限责任公司；2012年，前五位大客户为镇江艾科半导体有限公司、山东航天电子技术研究所、北京市科学技术研究院、中国电子科技集团公司第39研究所和中国航天科技集团公司第九所。报告期内，公司的主要客户销售金额占营业收入比例较高，主要原因在于现阶段公司市场拓展有限，主要客户大都计入上述样本统计。随着公司市场开拓力度的不断加大，上述问题将得到改善。

三、美兰股份使用员工个人账户收取货款该怎么办

美兰创新科技股份有限公司（简称美兰股份，股票代码430236），前身是安徽美兰城市照明有限公司，成立于 2009 年 3 月 8 日。2012 年 11 月 5 日，公司整体变更为股份公司，2013 年 7 月 2 日挂牌新三板，注册资本 1100 万元。公司的主营业务是生物农药技术、化学农药技术研发、技术服务、技术转让、技术培训、技术咨询；农业技术推广；委托生产农药；销售农药（不含危险化学品）；现代生态农业的投资与开发。

报告期内，公司的收款方式包括：现金收款、个人卡收款、银行对公账户转账收款和承兑汇票收款。现金收款主要针对一些零散终端客户和一些上门提货的个体经营户，公司现金销售严格按照现金内控制度及相关财务制度的要求进行，制定了完整的销售审批、现金收款、收据开具、发货、现金缴存银行、每日记账、联合对账等一系列内控措施，严格做好财务凭证的确认、入账和财务核算工作，确保财务凭证的真实性、有效性、完整性和准确性，防范公司现金销售活动中财务风险的发生，确保现金安全和真实客观地反映企业的经营成果。个人卡收款主要是方便报告期内受银行营业时间和办理网点等方面的局限的企业和个体经营户付款。

报告期内美兰股份及其子公司并未将个人银行卡上收取的货款全部转入公司基本户和一般户，存在直接用于公司费用开支或借支给个人的情形，但相关的审批手续完善，支付得到有效控制，不存在未经批准擅自支用的情况；同时用于借出的款项于会计报表日前已归还，不存在公司资产流失及被他人长期占用的情形。为进一步规范收付款管理，公司已于 2013 年 4 月 24 日，将个人卡注销，不再使用个人卡收取货款，所有货款全部打入公司基本户和一般户。因此，报告期内公司存在使用个人账户收取货款的不规范情形，但使用员工个人账户收取的货款已经如实在公司财务中反映，不存在未计入收入或多计收入的情形。

四、威林科技如何处理盈余公积转增股本的问题

武汉威林科技股份有限公司（简称威林科技，股票代码 430241），于 1998 年 11 月 23 日成立，2012 年 12 月 27 日整体改制为股份有限公司，2013 年 7 月 2 日以 3500 万元的注册资本挂牌新三板。公司主要经营耐火材料、冶金炉料生产、检测、销售；建筑材料、金属材料批发兼零售；高炉送风支管、热风管道的制造、销售；冶金技术咨询、技术服务、技术转让；耐火材料的技术咨询、

服务与转让；建筑工程安装；机电设备安装。

2003 年 6 月 4 日，有限公司股东会通过决议，同意增加注册资本 300 万元，其中王渝斌增资 91.605 万元（货币增资 86.925 万元、公积金转增出资 4.68 万元），刘忠江增资 59.605 万元（货币增资 47.025 万元、公积金转增出资 2.58 万元），苏伯平增资 59.605 万元（货币增资 47.025 万元、公积金转增出资 2.5 万元），丁岩峰增资 59.605 万元（货币增资 47.025 万元、公积金转增出资 2.58 万元），刘少明增资 59.605 万元（货币增资 47.025 万元、公积金转增出资 2.58 万元），新股东王长清货币出资 9.975 万元，并通过了公司章程修正案。

2003 年 6 月 23 日，湖北大华有限责任会计师事务所出具了鄂华会事验字〔2003〕A 第 121 号《验资报告》，对本次增资进行了审验。转增后，盈余公积为 111.377695 万元，所留存的该项公积金不少于转增前公司注册资本的百分之二十五，符合 1993 年《公司法》第 179 条的规定。

有限公司本次以盈余公积转增股本未按照股东持股比例转增，其中王渝斌转增比例高于其持股比例，则其他股东的转增比例低于其持股比例。经主办券商及律师核查，本次决定以盈余公积转增股本的股东会决议是经全体股东一致同意表决通过，全体股东均在决议上签名确认。主办券商及律师认为，经有限公司全体股东一致同意，有限公司不按照股东的持股比例以盈余公积转增股本是股东意思自治的体现，本次以盈余公积转增股本过程及结果合法有效，不存在法律纠纷及风险。2003 年 7 月 8 日，武汉市工商局出具了企业变更通知书，对上述变更予以确认。

五、凯英信业未及时更正报告，主办券商承担相关责任

2014 年 3 月 14 日，全国股份转让系统发布公告称，凯英信业（股票代码 430032）未及时更正 2012 年年度报告，且未按规定披露审计差错更正应披露信息。由于信息披露存在违规操作的行为，全国股份转让系统对其采取自律监管措施，按照规定出具警示函，并要求凯英信业提交书面承诺。作为主办券商的齐鲁证券也因"未能履行持续督导职责"被股权系统公司采取了"约见谈话、要求提交书面承诺"的监管措施。

《全国中小企业股份转让系统挂牌公司信息披露细则（试行）》第四条规

定："挂牌公司及相关信息披露义务人应当及时、公平地披露所有对公司股票及其他证券品种转让价格可能产生较大影响的信息（以下简称"重大信息"），并保证信息披露内容的真实、准确、完整，不存在虚假记载、误导性陈述或重大遗漏。"凯英信业未及时更正 2012 年年度报告，且未按规定披露审计差错更正应披露信息的行为显然违背了这一规定。

由于公司存在严重的信息披露违规行为，作为主办券商的齐鲁证券并没有认真履行持续督导义务，因此全国股份转让系统公司依据《全国中小企业股份转让系统业务规则（试行）》的相关规定，采取相应的监管措施或纪律处分，

第二节　选择战略投资者

1. 战略投资者选择目标公司的标准

大多数战略投资者并没有明显的行业特征，也并不是只针对高新技术企业。只要是生产和销售处于成长期、资金流状况很好，投资进驻以后能够很快帮助达到上市要求的企业，都可以引进战略投资者。战略投资者在选择投资标的公司时，主要从以下 9 个方面对投资目标进行考察：

1. 公司的市场潜力及未来上市的可能性。战略投资者非常关注公司的市场潜力，市场潜力小的公司不会被战略投资者看中并投资。战略投资者选择一些潜力公司的目标在于未来退出，实现资本的增值。上市是主要退出方式，所以，战略投资者非常关注目标公司未来上市的可能性。目标公司的产品和服务的市场容量大、具有高度的成长性、未来上市的可能性大，则获得战略投资者投资的机会将大大增加，

2. 差异化的竞争优势、核心竞争力。战略投资者投资的公司都具有差异化的竞争优势，具有核心竞争力。若公司存在较好的竞争壁垒，则获得战略投资者青睐的机会也会大大增加。

3. 公司未来能创造的现金流。目标公司时下的现金流尽管也是很重要的吸引指标，但是目标公司的未来现金流才是衡量是否值得投资的重要指标。

4. 公司的商业模式。优秀的商业运营模式容易引起战略投资者的关注。

5. 公司在行业中的地位。行业排名意味着公司的竞争力和市场空间，一般行业排名前 10 位的公司更容易吸引战略投资者。

6. 公司管理团队。公司文化、高层公司管理人员素质、公司管理人员结构、公司核心技术人员的忠诚度是战略投资者的重要考察内容，同时，还非常注重考察团队负责人的综合素养。

7. 公司内部控制规范。公司运作是否合规，是否遵循国家法律、法规以及行业规定，公司签署重大合同是否有内部风险控制流程、是否有规范的审批程序等是战略投资者非常重视的一个环节。若公司相关制度比较健全，公司治理透明规范，是比较能够吸引战略投资者的。

8. 公司经营者的诚信。战略投资者比较关注经营者的诚信问题，如果公司在经营过程中受到过较多的行政处罚或者重大行政处罚，就会因缺乏诚信而得不到战略投资者的青睐。

9. 有无法律纠纷。若公司存在一些法律纠纷或者诉讼，战略投资者会判断这些纠纷或诉讼对公司发展的影响。如果公司存在的重大法律纠纷或诉讼难以在短时间内予以解决，战略投资者往往不会或暂缓考虑投资。

2. 寻找并选择战略投资者

拟挂牌新三板的企业大多都是中小型创业企业，一般都处在创业初期或产品研究开发阶段，注册资本较少，资产规模也很小。在这种情况下，按照国际惯例，这类企业在上市公开募集资金之前可以先通过私募引入必要的战略性投资伙伴，吸引一部分风险资本加入到公司之中。一方面能吸引新的股东注资入股，成为企业的战略投资者，从而提高企业的知名度；另一方面也能解决企业上市前的资金需求。那么，企业该如何引入战略投资者呢？

一、寻求意向投资者

在准备引入战略投资者之前，企业首先要对境内外的风险投资公司有个整体性了解，即目前有哪些风险投资公司，公司设在什么地区，资金实力如何，知名度如何，已投资了哪些项目，公司经营业绩及投资范围等。然后再根据本公司的需要寻求意向投资者。通常情况下，寻求意向投资者可通过以下途径进行：

1. 通过网上查询。目前有不少风险投资的专业网站，这些网站对本公司的投资方向、已投资项目和资金实力都有比较详细的介绍。

2. 查阅"风险投资公司大全"等专业资料，在这些书中常会有一些关于风险投资公司投资方向和投资项目等信息。

3. 通过各类创业投资协会等机构寻找，如北京、上海、深圳都成立了创业投资协会，这些协会经常组织新项目发布、投资洽谈和创业沙龙等活动。

4. 通过各种研究、咨询等中介机构介绍，如各类投资公司、会计师事务所、律师事务所和证券公司等机构，都会有很多项目和投资信息。

二、选择钟情投资者

选择战略投资者时，主要从战略目标、企业能力和战略资源等三方面进行考虑，如果所选择的合作伙伴能在以下三方面达成最佳匹配，即在目标上一致、在能力上互补、在资源上共享，则这样的合作伙伴，无疑将是最佳的战略投资者。

1. 基于战略目标的选择

目标和经营战略决定了未来的发展方向，因此基于目标和战略来选择战略投资者是首先考虑的要素。

企业的发展目标和战略决定了企业的发展方向。如果一个企业实行扩大生产规模、提高市场占有率、拓宽经营领域的经营战略，而另一个企业是实行以开发新技术、拓宽产品链、生产高附加值的产品的经营战略，则前者适宜组建横向一体化企业集团，而后者则适宜组建纵向一体化企业集团。

企业制定了目标或者战略后，需要组织战略资源，寻找培养实施该战略的能力，这时企业就需要考虑建立新的战略转换模型，确立新的战略内容。而引入战略投资者，将有利于引入先进的技术和管理模式，共享战略投资者的市场运作经验和战略资源，保障企业目标的完成。所以，引入战略投资者应以目标为导向，选择那些最有利于实现企业既定目标的企业作为战略投资者。

2. 基于企业能力的选择

相对资源而言，企业调配资源的能力也非常重要，这种能力主要包括：

（1）战略规划能力。从组织结构上看，这种能力主要存在于企业决策层，内容一般包括设定战略意图的能力、战略性决策的能力、识别组织所需的战略性资源的能力、评价战略环境的能力、中长期计划的能力等。不同的行业对战略规划能力的要求不同。比如，对于房地产行业，这种能力还包括地块价值的识别能力、可行性研究的能力、识别市场需求的能力、建立核心业务的能力等。

（2）资源整合能力。资源整合能力对于资源密集型企业来说尤其重要。比如，房地产企业可以被看做是"系统集成商"，是把资金、土地、设计、工程、物业管理、环境等多种因素组合成产品的组织。相对于战略规划能力，资源整合能力处于战略实施的层次，主要表现为管理整合与资源知识整合。

（3）创新能力。创新是企业真正的核心竞争力所在，是企业生命的源泉，是一种虚拟的生产力。创新包括的内容很广泛，如技术创新、产品创新、工艺创新、知识创新、管理创新、制度创新、文化创新等。企业提高创新能力的关键，是要从观念和制度上为企业的创新服务，创造鼓励创新的环境氛围。观念创新是创新的源泉，而制度创新则是为了更好地发挥人的创造力。

基于能力来选择战略投资者时，应主要考虑能力互补和能力匹配。比如，对于房地产企业，如果一家企业的土地资源整合能力很强，那这家企业最好与一家融资能力特别强的企业联合。

3. 基于战略资源的选择

资源是企业所拥有的或所控制的能够实现企业战略目标的各种要素组合。比如，对于房地产企业来说，最重要的资源就是资金和土地储备。基于资源来选择战略投资者，房地产企业应主要考虑资金和土地储备的互补。资金充裕的企业，总是希望引入土地资源储备丰富的企业作为战略投资者，反之亦然。资源包括人力资源、实体资源和品牌信誉等，具体来说。

（1）人力资源。高水平的工作团队，将给企业带来长期竞争优势。为了保持人力资源的竞争优势，企业要建立富有吸引力的薪酬体系来吸引人才，还要建立有效的培训激励体系来提高人才素质。

（2）实体资源。行业不同，其实体资源的表现形式也不同。比如，房地产企业最主要的实体资源是土地资源。土地资源是房地产企业的命脉，具有不可替代性和不可再生性。如果一家房地产企业没有充足的土地资源储备，即使它拥有先进的机制、优秀的人才和充足的资金，也难有用武之地。

（3）品牌信誉。品牌是企业内部因素和外部关系的综合体现，是整体实力的象征。品牌在本质上是价值承诺，通过履行承诺，不断强化消费者对企业的正面评价，最后形成品牌的知名度与美誉度。

以上描述了企业选择战略投资者的三种途径。但在实际操作中，并不是孤立地以单个要素来考察，而是综合地进行评估和考虑，企业可以借助于战略投资者的评估模型。引入战略投资者，首先要倡导目标导向，目标是最重要的评价维度；其次在引入战略投资者时，还要关注能力和资源两方面的互补性。战略目标、企业能力和战略资源构成了评估战略投资者的三大维度。

3. 引进战略投资者的准备工作

当选择到钟情投资者之后，就需要与投资者进行接触面谈。在与战略投资家接触面谈的过程中，企业还要表现出一种坚韧、顽强的精神，一旦基本条件吻合，就应采取一些有效的手段，如企业能得到某位令战略投资者信任的律师、会计师或某位业内"权威"的推荐，他获得风险投资公司信任的可能性就会提高许多。在与战略投资者接触面谈之前，企业自身应准备好必要的文件资料。一般包括：

1. 企业基本资料。如关于创业投资企业管理者的个人情况、利润情况、战略定位以及退出的简要文件。

2. 商业计划书。关于公司情况的详细文件，包括经营战略、营销计划、竞争对手分析、财务文件等。

3. 公司管理团队情况。关于公司管理队伍、专业计划人员的详细介绍。

4. 营销资料。一切直接或间接与公司的产品或服务有关的文件。

在所有这些文件中，最重要的是企业的商业计划书。该计划书除了要简明扼要、表达准确、突出财务状况并附有数据外，还应表现出管理者的能力和远见。企业的商业计划书应该由熟悉公司业务和投资业务的律师或会计师草拟，其主要内容包括：公司背景、所需金额及用途、公司组织机构、市场情况、产品情况、生产状况、财务状况、前景预测和风险因素等。

当战略投资者初步认定企业有投资价值后，他们就会与企业进行正式谈判。这是整个引入投资者过程中最重要的一环。在多次谈判过程中，将会一直围绕企业的发展前景、新项目的想象空间、经营计划和如何控制风险等重点问题进行。双方一旦对上述问题达成初步共识后，就会涉及具体问题。

1. 入股事宜

在投资者初步决定投资后，企业就会与其谈到交易价格问题。这是一个较易引起争议的环节，企业要主动争取，努力为自己的企业卖个好价。但也要注意，风险资本与其他资本不同，企业引入风险资本，要留出相应权益给战略投资者，否则，战略投资者是不会进入的。

企业在与战略投资者达成一致后，双方需就重大原则问题签署正式协议，其内容包括投资项目、条件和承诺等。但一定要注意该协议必须符合国家有关法律及政策规定，而且还要经过公证。

2. 讨价还价

由于投资前的企业和战略投资者对公司价值的评价会有很大差异，在项目的评估过程中常要经过双方多次的交锋，每一方都会试图用各种各样的方法去说服别人接受自己的观点。

风险投资家在考虑每个投资项目的交易价格时，必须要考虑补偿其他交易的损失，否则他就会再也筹集不到钱，也就不会再有资金提供给下一个企业家。根据经验数据测算，由于投资初创企业的失败率较高，风险投资家对投资初创企业所期望的回报率常常达到10∶1，而对投资非初创企业所期望的回报率为5∶1。

此外，在风险投资家心目中，仅有一个想法和几个人的公司要比已具备了管理队伍的公司价格低，而仅具备了管理人员的公司又要比已产生销售额和利润的公司价格低。随着企业的成长和企业风险的降低，创业企业在风险投资者面前的价值也在不断上升。显然，创业企业的阶段越早，其投资的价值也越低，这时，风险投资进入的盈利潜力也越大。因此，在与战略投资者讨价还价时要掌握这一原则，把握好尺度。

谈判阶段完成后，如果风险投资家看好该项目前景，那么便可进行投资合同签订程序。

战略投资者和企业双方签署有关文件标志着创业企业争取投资过程的结束，同时也标志着双方建立长期合作伙伴关系的开始。在投资合同书中，创业企业和风险投资者双方必须明确下面两个基本问题：一是双方的出资数额与股份分配，其中包括对投资企业的技术开发设想和最初研究成果的股份评定；二是创建企业的人员构成和双方各自担任的职务。

签订正式协议后，双方即应履行协议。风险资本必须按时到位，资金按计划使用，重大事件必须及时通报，每月或每季度必须将公司财务报表送交审查。战略投资者作为公司股东，也可能参加公司董事会或直接参与其管理，其目的是预测可能出现的问题并提供及时的决策信息来使损失最小化和收益最大化。

4. 引进战略投资者的风险

一、丧失控制权，成为战略投资者的附庸

专业的战略投资者通常拥有雄厚的资金、技术、管理等综合实力，如果投资者取得公司控制权，可能使目标公司管理权丧失或弱化，自主开发能力下降，逐步被投资者的品牌所替代，造成公司的品牌灭失，使原本良好的公司发展战略夭折或变形。

二、公司价值评估失真，给股东造成资产的损失

战略投资者为了自身投资效益的最大化，在公司重组中势必要通过尽可能地压低目标公司的资产价值来扩大自身投资份额。另外，由于我国目前的产权交易并不规范，资产评估制度尚不完善，评估方法不尽科学，缺乏公正客观的资产评估权威机构，评估价值往往难以反映公司的真实价值，也可能给公司股东造成损失。

三、管理理念冲突，丧失决策的最佳时机

引进战略投资者，我们要考虑管理理念的融合问题。因为中国经济正在加快向市场经济转型，又处在高速发展时期，如果战略投资者既无投资这个行业的经验，派驻的管理团队又不了解公司文化，而且片面推行一套标准化的管理体系，双方的管理理念难免发生冲突，在公司须做出重大决策时，就可能难以迅速达成一致，导致公司错失发展良机。

四、投资者釜底抽薪，公司经营雪上加霜

战略投资者投资的目的是获取超额利润，在进入的时候就设计了退出机制，但不一定等到获得最大的利益后再退出。有一些公司自身经营得非常好，

但是在引入了战略投资者进来以后，反而出现了经营问题。一旦公司经营出现滑坡，投资者的利益难以保障，战略投资者可能会提前退出。投资者的退出无异于釜底抽薪，会给公司经营带来更大困难。

5. 本节相关案例

一、海格物流引入战略投资者

海格集团成立于 1997 年，经过多年发展，现在已经成为国内领先的第三方物流公司之一。旗下成立了集装箱拖车公司、国际货运代理公司、航运公司、专业报关公司等多家专业物流公司和提供综合物流服务的海格物流公司。

海格物流（430377）是海格集团下属的主力公司之一，专业从事国际、国内货运代理业务，并以成为"国际化的第四方物流公司"为战略目标，以客户为导向，整合集团和社会物流资源，在先进的物流信息系统支持下，为客户提供全方位物流及增值服务。

2014 年 7 月 21 日晚，海格物流发布公告，7 月 19 日，公司控股股东深圳市奥世迈实业有限公司与 WERNER ENTERPRISES（简称"沃纳企业"）就海格物流股份转让事宜达成意向。沃纳企业拟在全国股份转让系统中通过协议转让方式受让奥世迈持有公司 5% 的股份。

沃纳企业成立于 1956 年，是全球前 50 大物流公司，服务范围包括合同物流、供应链管理及整车运输，业务网络涵盖美国、加拿大、墨西哥和中国等。沃纳企业的全球总部设在美国内布拉斯加州奥马哈市，是美国第五大整车运输公司。

海格物流表示，公司与沃纳企业已经拥有近八年的紧密商务合作关系，双方在战略和运营目标层面存在较高的一致性。引入沃纳企业成为公司战略投资者，对公司业务发展、经营管理将有极大促进作用。海格物流与沃纳企业将共同获得在亚洲及北美市场的供应链优化，通过整合双方的优势资源，可以共同为客户提供业内领先的全球供应链解决方案，满足多样化的客户需求。

二、爱康工程引入战略投资者，吹响新三板上市号角

2015 年 5 月 19 日，江苏爱康实业集团有限公司（以下简称"爱康集团"）宣布，其旗下子公司苏州爱康能源工程技术有限公司（以下简称"爱康工程"）

已引入战略投资者，并启动了新三板上市的步伐。

爱康集团与农银国际控股有限公司（简称"农银国际"）等战略投资者正式签约，引入超过 4 亿人民币的战略投资，助力爱康工程业务的进一步快速发展。同时，爱康工程正式启动新三板上市步伐，准备登陆新三板。

总部位于张家港市的爱康集团核心业务包括能源电力、工程及成套设备、金融投资、现代服务等四大板块，并拥有 50 多家子公司。2014 年集团营收超过 75 亿元人民币，资产突破 128 亿元。爱康集团旗下子公司爱康科技已于 2011 年 8 月在深交所上市。截至 2014 年底，爱康科技共持有并网发电光伏电站规模超过 500 兆瓦，是国内成立最早、规模最大的光伏发电企业之一。

2012 年 9 月，爱康集团成立了爱康工程，致力于光伏电站 EPC 总包建设，完整涵盖光伏电站"电力工程设计—采购—施工—交付"一体化的交钥匙工程。工程公司的成立是爱康集团打造和布局光伏全产业链的战略性举措，依托集团下属的光伏制造业务和来自爱康科技稳定、持续的订单，加快光伏电站 EPC 总包建设。

同时，爱康工程也联合了爱康金融（即爱康富罗纳金融）为项目业主提供综合的一站式解决方案，此外还能为爱康工程提供融资租赁、并购基金、互联网金融等方式解决项目建设期资金问题。

三、圣泉集团抛 11 亿融资方案，引入战略投资者

新三板石墨烯概念股圣泉集团于 2015 年 1 月抛出了一份总金额为 11 亿元的融资方案，计划通过发行股票及短期融资券的方式募集资金。这也是圣泉集团登陆新三板以来进行的首次融资。

圣泉集团公告显示，公司计划向不超过 35 名投资者定向发行不超过 6437 万股股票，募集不超过 7.72 亿元资金，用于补充公司流动资金。圣泉集团也将借此次增发引入战略投资者，改善公司董事会成员结构，并引进先进的经营、管理理念。不过，圣泉集团并未在公告中提及计划引入的战略投资者的具体信息。此次增发价格区间为 11 ~ 12 元，具体价格将在和投资者沟通后最终确定，公司股东享有优先认购权。

同时，圣泉集团计划发行 2015 年度第一期短期融资券，发行金额为 3.3 亿元，期限一年。发行对象为全国银行间债券市场机构投资者，票面利率采用固定利率形式，通过簿记建档集中配售方式确定票面利率，在短期融资券存续期内保持不变。

圣泉集团于 2014 年 7 月 28 日在新三板正式挂牌。公开转让说明书显示，圣泉集团注册资本 2.57 亿元，主要产品包括铸造材料、酚醛树脂、酚醛泡沫板等产品，其中酚醛树脂占公司 2013 年度主营业务收入的 50.88%。2013 年度，圣泉集团实现营业收入 35.96 亿元，净利润为 2.62 亿元。挂牌当日，圣泉集团对外宣布生物质石墨烯新技术取得重大成功，年产 150 吨生物质石墨烯的试生产线将投产。

四、新华保险引进战略投资者失败，股价下跌

在香港和内地两地上市的新华保险是中国第三大人寿保险公司。2015 年 3 月 1 日晚，新华保险发布公告称，目前推进引入战略投资者重大事项的条件尚不成熟，相关股东经慎重考虑，决定终止筹划此次引入战略投资者事项。

新华保险历时 40 多天的停牌，复牌后股价一路下跌。新华保险董事会一位不愿具名的高层人士透露："公司未参与股权的谈判，只是相关股东参与谈判，未来不排除与互联网企业展开合作，而且并不拘泥于股权方面的合作。"

在互联网的浪潮中，每家保险企业都不想落后。据悉，目前平安、国寿、太保、新华保险都设立了旗下的电子商务公司，欲发力互联网保险业务。

新华保险董事会高层人士坦言，目前新华保险内部的 IT 体系建设与国寿，以及国内其他领先的保险公司相比，差距很大。同时，因为互联网价值链与传统行业不一样，新华保险这方面很多核心竞争力都需要补课。

第三节　选择中介机构

1. 主办券商

主办券商是代办股份转让业务主办券商的简称，是指取得从事代办股份转让主办券商业务资格的证券公司。在新三板现有的交易机制中，主办报价券商被定格为中介机构，承担着推荐挂牌、信息披露督导、代理投资者进行股份报价转让、投资者风险提示、终止挂牌等重要职能。

主办券商在新三板市场的运行当中处于枢纽地位，它联系着各个挂牌公司、登记结算服务机构、管理机构等各参与方。因此，主办券商在新三板市场中，尤其在报价转让的交易制度之下，是最活跃、最不可或缺的主导。

根据《全国中小企业股份转让系统主办券商管理细则（试行）》第四条的规定，主办券商可在新三板从事以下部分或全部业务，包括推荐业务、经纪业务、做市业务，以及全国股份转让系统公司规定的其他业务。围绕以上三大业务会形成以下相关的业务链：

1. 管理咨询：帮助企业建立完善的内部控制制度；通过券商的资源为企业提供技术、人才、市场资源；为企业提供具体问题的咨询建议。

2. 股份制改制：以券商为主的专业团队，帮助企业完成股份制改制；建立董事会、监事会、股东大会等。

3. 挂牌前融资：发挥券商的投行优势，为企业引进战略投资者；通过券商的专业服务，帮助企业制定合理的增发价格。

4. 挂牌服务：帮助企业梳理自身经营情况、优劣势；指导企业进行重组、剥离，从而符合挂牌条件；专业的财务、法律、研究团队帮助企业提高信息披露质量。

5. 持续督导：终身保荐并持续督导，降低投资者的风险。

6. 做市商：更深入地了解企业，做市报价更加权威；以自有资金购买企业股票进行做市，客观上是对企业投资价值的隐性担保。

7. 债券融资：发行中小企业私募债，使企业更容易获得信用贷款、股权质押贷款。

8. 定向增发：连续多次快速增发，帮助企业按需进行融资；与交易所合作，举行增发路演。

9. 并购重组：帮助企业通过并购重组等方式，实现快速成长与资源高效配置。

10. 转板：发挥投行优势，帮助企业通过 IPO、借壳上市等方式，向主板、中小板、创业板等更高层次的资本市场转板。

由于主办券商在申请挂牌新三板过程中不可或缺，企业选择挂牌新三板，就需要选择好主办券商。首先，证监会规定主办券商必须具有保荐资格，与此同时，全国中小企业股份转让系统公司规定主办券商必须具备推荐资质和做市商资质。

此外，挂牌企业如果想要上市，那么主办券商需要具有主持改制并申请新三板挂牌项目的经验，与企业、各中介机构的协调能力，与有关政府部门特别是证券监管机构的协调、风险控制水平、研发和创新能力。与此同时，还要考察其他能力。

1. 推荐能力：推荐能力主要是关注主办券商的推荐业绩、被推荐企业在行业和市场当中的正面影响力。

2. 定价能力：指主办券商团队挂牌转让定价的研发能力，定价合理性。

3. 项目团队：负责项目的团队成员具有一定比例的，具有改制申请新三板挂牌经验的注册会计师和律师，而且其团队成员具有一定的稳定性。

4. 组织能力：主办券商对中介机构合作组织协调的经验和能力，与投资者的关系及其公关宣传和媒体推介能力。

主办券商对挂牌公司具有持续督导义务，通常来说双方之间的这种关系是永久性的。不过，一旦挂牌公司觉得主办券商专业素养不够、工作不到位，或者由于其他原因，双方之间解除了原有的持续督导协议，那么挂牌公司可以选择更换主办券商。

根据《全国中小企业股份转让系统常见问题解答（第四期）》可知，拟挂牌公司如果在申请挂牌前更换主板券商的，只需要直接与主办券商自行商定，无需向全国股份转让系统公司报告。此外，按照相关制度规定，除了主办券商不再从事推荐业务或者挂牌公司股票终止挂牌两种规定情形外，双方不得随意解除持续督导协议。已挂牌公司如果因为某种特殊原因想要更换主办券商，双方应该协商一致，而且重要的是要确保有主办券商来承接督导工作，事前还要报告全国股份转让系统公司并说明更换的理由。在具体操作流程中，挂牌公司和承接督导事项的主办券商应履行相应的内部决策程序。

2. 律师事务所

全国股份转让系统公司能够对主办券商、投资者、其他证券服务机构及其相关人员的行为展开行之有效的监管，依赖于律师事务所为主办券商、投资者乃至全国股份转让系统公司提供谨慎、诚实、勤勉尽职的工作。

对于挂牌企业来说，律师事务所的主要工作在于保证改制和挂牌过程的合法性，负责法律文件的审核与起草，协助公司完善法人治理结构等，而具体来说，律师事务所的主要职责分为以下四个方面：

1. 股份改造

协助企业编制发起人协议、股份公司章程等法律文件；协助企业完善各项制度；协助企业完成股份公司创立大会；协助企业完善公司治理，建立现代企业管理制度；指导董事会、监事会、经理层人员的选举；督导企业严格按照股份公司的要求规范企业行为；参加或列席相关会议；起草或协助起草经营过程中的法律文件。

2. 申请挂牌

接受挂牌企业的委托，配合主办券商尽职调查，出具《法律意见书》；对《公开转让说明书》的法律陈述及风险把关，如有必要，可对相关问题提出专项法律意见，并对全国股份转让系统公司反馈的法律意作出问答。

3. 挂牌企业股份转让

挂牌企业在股份转让之前，需要与中国证券登记结算有限责任公司签订证券登记服务协议，办理全部股份的初始集中登记，律师事务所负责起草相应的法律文件。如果挂牌公司的部分股份满足限售条件，律师事务所帮助挂牌公司起草递交主办券商的《解除股权转让限制申请书》，说明解除限售的股份、数目和时间。

4. 挂牌公司的融资

新三板是挂牌公司融资的重要平台，而融资会对挂牌企业的股权结构产生影响，且关系到股东权益、融资结构、股东间的相互制衡以及公司的管控模式，因此需要由律师事务所参与确定融资方案。

由于司法部已经取消了证券法律业务资质，律师做新三板上市业务并不需要什么特别的资质，目前律师只要取得律师证即可从事包括新三板、IPO在内的证券业务，律师事务所也是如此。

不过对于拟挂牌企业来说，为了确保能够顺利挂牌，需要尽可能选择业务能力强的律师事务所，选择时需要从三个方面来考量：

1. 专业性

从 2002 年年底以后，律师的证券从业资格就被取消了，至此，凡是律师都可以从事证券法律业务。但是专业性的强弱往往决定了律师事务所的能力和水平，对于拟挂牌企业来说，还是应该更多地选择那些具备证券从业专业经验和服务团队的律师事务所。

2. 沟通协调能力

沟通协调能力是律师事务所必备的技能，拟挂牌企业在考量和选择的时候，应该重点了解一下律师事务所及其律师是否能够较好地与相关部门及其他中介机构进行沟通和配合，是否能对企业领导提出的问题有清晰、敏锐的分析和判断力，并能够及时提出解决方案。

3. 项目团队

律师事务所是一个团队，因此拟挂牌企业应该考量律师事务所的规模和业绩，并重点考察律师团队特别是主办律师的经验和水平。

3. 会计师事务所

会计师事务所在整个经济发展体系中发挥着鉴证和服务的作用，目的是为了维护社会公共利益，保障投资者的合法权益，从而促进社会主义市场经济的健康发展。在新三板中，其也是不可或缺的一个重要组成部分。

对于主办券商而言，在申请进入新三板时，要向全国股份转让系统公司提交最近年度未被注册会计师出具否定意见或者拒绝发表意见的财务报告；在接受拟挂牌企业委托推荐挂牌时，其项目小组成员中至少有一名注册会计师；在内核机构和内核会议中也必须有注册会计师，审核尽职调查并出具审核意见。

对于挂牌企业而言，在其挂牌转让前，需要披露包括公司财务会计信息的财务报告及审计报告，为了保证其中的财务会计信息与主办券商出具的推荐报告相一致，挂牌企业往往会委托注册会计师处理；在挂牌转让之后，挂牌企业每年都要披露年度报告，而这些年度报告必须经会计师事务所的审计，对于下半年公司定向增资、公积金转增资本或弥补亏损等的半年度报告也须经注册会计师审计。

从流程上来说，会计师事务所的主要职责在挂牌企业的不同阶段有不同的

体现:

1. 股份制改造阶段

全面审计有限责任公司改制基准日的财务情况（须以拟挂牌企业改制基准日经审计的净资产额为依据将其折合为股份有限公司的股本）；签订发起人协议后，对资产折股情况出具验资报告。

2. 申请挂牌阶段

负责财务方面的尽职调查；出具两年及一期的审计报告，申报财务报表最近截止日不得早于改制基准日；协助企业编制申报财务报表与原始财务报表差异表及差异说明；对非经常性损益界定；协助企业和主办券商与审核员就财务问题进行审核；根据审核反馈意见协助企业进行回复，同时根据审核反馈意见出具专项核查意见或说明；补充和修改完善财务资料；出具相关声明。

3. 挂牌后

挂牌之后，审计公司负责披露年度财务报告等。

全国股份转让系统公司并没有强制要求拟挂牌公司股改的会计师事务所是否具有证券、期货相关业务资格，不过在申请挂牌时向全国股份转让系统公司提交的财务报告应当经具有证券、期货相关业务资格的会计师事务所审计。

此外，会计师事务所最好具备相应的项目团队，负责审计项目的团队成员应有一定比例的、具有改制申请新三板挂牌经验的注册会计师，并且团队成员具有一定的稳定性。

如果挂牌公司觉得原有的会计师事务所不适合，而想要进行更换，那么根据《全国中小企业股份转让系统挂牌公司信息披露细则（试行）》第十三条的相关规定，挂牌公司一般不得随意变更会计师事务所，而应该由董事会审议后提交股东大会审计。并且应当自变更发生之日起两个转让日内披露变更会计师事务所的相关事宜。

4. 资产评估机构

资产评估机构是指专门从事资产评估业务的中介机构，而所谓资产评估是指在市场经济条件下，由专业的机构和人员，依据国家有关规定，依照法定程序，选择适当的价值类型，运用科学方法，对资产价值进行评定和估算的行为。

　　由于新三板挂牌企业必须是股份有限公司，因此很多拟挂牌企业需要进行股份制改造，而股份制改造就需要由专业的资产评估机构对公司资产价值进行科学的、相对准确的评定和估算，并作为计算公司资产总额、股本总额的依据。

　　企业在改制时往往要对公司的资产进行评估，资产评估是阶段性很强的工作，这一工作通常是由具有证券从业资格的资产评估机构承担，资产评估严格按照相关的程序进行，整个过程一般包括申请立项、资产清查、评定估算和出具评估报告。

　　资产评估师的主要职责和工作体现在：

　　1. 在改制阶段，根据资产重组的范围和改制申请新三板挂牌方案出具资产评估报告，涉及国有资产的，应报国资监管部门备案。

　　2. 除有限公司整体变更为股份公司、按照审计的净资产1:1折股的以外，在资产评估后协助企业按照资产评估的结果建账。

　　3. 对公司申请股票挂牌及发行过程中的资产评估问题出具专业意见。

　　作为早期进入新三板辅佐公司挂牌的中介机构之一，资产评估机构在公司申请挂牌流程中起到很重要的作用，因此选择一家高效、专业、负责的资产评估机构对于新三板拟挂牌公司十分重要。不过市场上资产评估机构的专业水平良莠不齐，一些资产评估机构甚至以次充好，打着专业幌子欺骗拟挂牌公司，拟挂牌企业寻找一家谨慎、负责、专业的资产评估机构并不容易，因此需要让主办券商仔细选择。

　　而在选择资产评估机构时，应该重点考虑资产评估机构的资质、项目团队、经验。比如资产评估机构应该具备证券从业资格；负责评估的项目团队成员应该有一定比例的、具有改制申请新三板挂牌经验的注册评估师，并且具有一定的稳定性；评估机构应当具有丰富的申请新三板挂牌评估经验。

5. 本节相关案例

一、铜牛信息如何处理非专利技术出资比例违反《公司法》规定的问题

　　北京铜牛信息科技股份有限公司（简称"铜牛信息"，股票代码430243），成立于2005年9月21日，2010年12月29日整体改制为股份有限公司，2013

年 7 月 5 日以 2000 万元的注册资本挂牌新三板。公司的主营业务包括互联网接入服务；互联网信息服务业务（除新闻、出版、教育、医疗保健、药品、医疗器械以外的内容）；技术推广服务；计算机系统服务；基础软件服务；应用软件服务；销售通讯设备、电子产品、计算机、软件及辅助设备；互联网数据中心业务、数据处理、计算机及通讯设备租赁、出租办公等。

公司设立时，注册资本中非专利技术占比达到 78%，违反了 2004 年 8 月 28 日修订的《中华人民共和国公司法》第二十四条第二款规定："以工业产权、非专利技术作价出资的金额不得超过有限责任公司注册资本的百分之二十，国家对采用高新技术成果有特别规定的除外。"

2000 年 12 月 8 日，北京市人大常委会依据《国务院关于建设中关村科技园区有关问题的批复》（国函〔1999〕45 号）颁布了《中关村科技园区条例》（北京市人大常委会公告第 25 号）（以下称"《条例》"）（有效期至 2010 年 12 月 23 日），北京市人民政府于 2001 年 3 月 2 日颁布了《中关村科技园区企业登记注册管理办法》（北京市人民政府令第 70 号）（以下称"《办法》"，有效期至 2007 年 11 月 23 日）。

上述法规对中关村科技园区内企业以高新技术成果作价出资规定如下：《条例》第十一条规定："以高新技术成果作价出资占企业注册资本的比例，可以由出资各方协商约定。"《办法》第十三条规定："以高新技术成果出资设立公司和股份合作企业的，对其高新技术成果出资所占注册资本（金）和股权的比例不作限制，由出资人在企业章程中约定。企业注册资本（金）中以高新技术成果出资的，对高新技术成果应当经法定评估机构评估。"第十四条规定："出资人以高新技术成果出资，应当出具高新技术成果说明书；该项高新技术成果应当由企业的全体出资人一致确认，并应当在章程中写明。经全体出资人确认的高新技术成果可以作为注册资本（金）登记注册。"第十五条规定："工商行政管理机关对以高新技术成果作价出资的，应当在《营业执照》经营范围栏的最后项下注明作为非货币出资的技术成果的价值金额、占注册资本的比例以及是否办理了财产转移手续的情况。"根据当时有效的北京市工商行政管理局于 2004 年 2 月 15 日实施的《改革市场准入制度优化经济发展环境若干意见》对内资企业注册资本（金）缴付方式进行改革的规定："投资人以高新技术成果出资，应当出具经全体投资人一致确认的高新技术成果说明书。以高新技术成果作价出资占企业注册资本（金）的比例，可以由投资各方协商约定。"

2005 年 9 月 21 日，由铜牛针织集团、高鸿波等 9 方共同签署了《高新技术成果说明书及确认书》，共同确认该非专利技术为高新技术成果，同意以该高新技术成果投入到有限公司中。同时，用于出资的此项非专利技术亦由北京新京联成资产评估有限公司进行了评估，并出具《评估报告书》确认该项非专利技术的评估值为 78 万元。

2005 年 10 月 10 日，公司所有股东签订了《财产转让协议》，将该非专利技术转移给有限公司，且经北京中万华会计师事务所审计，该非专利技术已完成转移手续。有限公司也于 2005 年 10 月 10 日召开股东会，全体股东一致同意以非专利技术出资 78 万元。该股东会决议通过的《公司章程》亦明确载有该项无形资产出资的内容。北京市工商行政管理局核准了公司的设立登记，并在公司营业执照的经营范围栏的最后项下注明了作为非货币出资的技术成果的价值金额。因此，有限公司成立时无形资产占注册资本的比例符合当时有效的相关规定，出资形式合法，出资有效到位。

关于非专利技术出资比例的事项，北京市国联律师事务所在其为本次公司进入全国中小企业股份转让系统出具的《法律意见书》中发表了如下意见：铜牛信息有限公司设立时，注册资本中非专利技术占比达到 78% 是符合当时相关规定的；并且取得了北京市工商局核准登记，铜牛信息有限公司的非专利技术出资合法、有效。

北京纺织控股有限责任公司作为铜牛集团及铜牛信息的控股股东，于 2013 年 5 月 24 日出具了《关于北京铜牛信息科技股份有限公司历史沿革有关问题的报告》，确认"上述非专利技术出资虽未根据《国有资产评估管理若干问题的规定》进行国有资产评估备案，程序上存有瑕疵，但国有产权明晰，不存在纠纷，并未造成国有资产流失，亦未损害国有权益"。

二、风帆电镀如何处理验资报告和评估报告不合规定的问题

武汉风帆电镀技术股份有限公司（简称风帆电镀，股票代码 430221），成立于 2002 年 4 月 2 日，2012 年 12 月 6 日整体改制为股份有限公司，2013 年 7

月 2 日以 1650 万元的注册资本挂牌新三板。公司的主营业务是电镀添加剂的研发、生产和销售。

王志军、刘仁志、杨磊分别以货币方式出资 5 万元，武汉风帆表面工程有限公司出资 105 万元，以其在"中外合资企业武汉风帆电镀技术有限公司"清算后净资产享有的权益进行出资。不过验资报告的审验形式与工商登记方式不符，而且评估报告也不符合规定。

武汉风帆电镀技术有限公司由武汉风帆表面工程有限公司、王志军、刘仁志和杨磊共同出资组建，其中，王志军、刘仁志、杨磊分别以货币方式出资 5 万元，风帆表面出资 105 万元，以其在"中外合资企业武汉风帆电镀技术有限公司"清算后净资产享有的权益进行出资。武汉鄂汉会计师事务有限责任公司出具鄂汉验报字［2002］006 号验资报告进行了审验。该验资报告是以变更登记为目的出具的，导致验资报告的审验形式与工商登记方式不符，而且验资报告中所述的净资产出资作价系依据清算审计、评估报告，而不是以投资为目的的审计、评估报告，因此该验资报告对净资产出资的审验程序存在瑕疵。

2012 年 10 月 20 日，有限公司通过股东会决议，决定股东风帆表面用现金 105 万元置换原 105 万元的净资产出资，以弥补原净资产出资审验程序上的瑕疵。风帆表面于 2012 年 11 月 9 日缴存现金 105 万元汇入有限公司账户。该 105 万元置换资金公司计入了资本公积。风帆表面原投入的净资产仍由有限公司所有。国富浩华会计师事务所（特殊普通合伙）湖北分所对风帆表面以现金置换原 105 万元净资产出资进行了审验，出具了国浩鄂验字［2012］503C26 号验资报告。本次出资方式置换后，公司累计注册资本（实收资本）仍为 1050 万元。2012 年 11 月 21 日，公司就本次出资置换办理了工商备案手续。

三、股改的资产评估机构无证券期货业务评估资格

2012 年 10 月 29 日，重庆华信资产评估房地产土地估价有限公司接受重庆格林绿化设计建设有限公司的委托，以 2012 年 9 月 30 日为评估基准日，出具重华信评报（2012）39 号《资产评估报告》。该次评估主要采用成本法进行评估，确认格林有限截至 2012 年 9 月 30 日股东全部权益价值评估结果为 2714.46 万元。重庆华信资产评估房地产土地估价有限公司无证券期货业务评

估资格。上述资产评估数据仅作为公司整体变更时工商登记价值参考依据，公司并未根据评估结果进行任何账务调整。

2013 年 10 月 25 日，具有证券从业资格的评估机构开元资产评估有限公司对重庆格林绿化设计建设有限公司整体变更为股份有限公司之公司净资产在 2012 年 9 月 30 日的市场价值进行了追溯评估，出具开元评报字（2013）128 号《评估报告》，报告显示：

"截至评估基准日 2012 年 9 月 30 日，被评估单位经审计确认的资产总额账面值为 7004.09 万元，负债总额为 4434.81 万元，账面净资产为 2569.28 万元。经采用资产基础法（成本法）进行评估，符合《公司法》规定的全部出资资产评估值为 7185.88 万元，总负债的评估值为 4434.81 万元，符合《公司法》规定的出资条件的净资产评估值为 2751.07 万元（人民币贰仟柒佰伍拾壹万零柒佰元整）。"

2012 年 11 月 12 日，重庆华信会计师事务所有限公司出具重华信会验（2012）1377 号《验资报告》，经审验确认格林有限全体股东已将格林有限截至 2012 年 9 月 30 日经审计的账面净资产 25692794.45 元折合为股份公司股本 2000 万股，每股面值人民币 1 元，共计股本 2000 万元，其余净资产 5692794.45 元作为股本溢价计入股份公司的资本公积。

经核查，申报律师认为，虽然公司在整体变更为股份公司时未聘请具有证券期货业务资格的审计机构、评估机构，但在本次向全国中小企业股份转让系统申请挂牌过程中，公司已聘请天健会计事务所（特殊普通合伙）作为审计机构，聘请开元资产评估有限公司出具评估复核报告，相关报告结论与原整体变更时的数据无重大差异。申报律师认为，有限公司整体变更时以净资产折股，格林有限折合为股份有限公司的股本不高于经评估的净资产，符合《公司法》规定，发起人股东的出资合法、合规。

第四节 调整企业治理结构

1. 调整法人治理结构

《非上市公众公司监督管理办法》第八条、第九条规定："公众公司应当建立兼顾公司特点和公司治理机制基本要求的股东大会、董事会、监事会制度，明晰职责和议事规则；公众公司的治理结构应当确保所有股东，特别是中小股东充分行使法律、行政法规和公司章程规定的合法权利。公众公司应当建立健全投资者关系管理，保护投资者的合法权益。"因此，为了保障所有投资者的利益，公众公司就需要采取法律、合同和酌情处置权等形式，既构建有利于所有者对公司最终控制的机制，又完善激发经营管理者为股东创造价值的激励机制。这就是现代企业在实行所有权与经营权分离后，需要建立完善的公司法人治理结构和治理机制的必要性。股份有限公司和有限责任公司的法人治理结构的组成基本相同，只是股份有限公司更加复杂、完善，下面就以股份有限公司为例做具体说明。

现代企业法人治理结构由股东大会、董事会、监事会和由高级管理人员组成的执行机构四部分组成：股东大会是公司的最高决策结构，股东对法律、行政法规和公司章程规定的公司重大事项，享有知情权和参与权，并依法将其资产交给董事会托管；董事会是公司股东大会的决策和授权实行机构，其成员由股东大会选举董事组成，董事会拥有对高级管理人员的聘用、奖惩及解雇权；监事会负责监督检查公司的财务状况、业务执行状况以及董事、高级管理人员的诚信情况，其成员由股东大会选举股东监事代表与职工（代表）大会选举的职工监事代表组成；高级管理人员组成的具体执行机构在法律法规和董事会的授权范围内负责公司的日常经营活动。

完善公司法人治理结构要求在实行所有权与经营权两权分离的制度基础上，实现公司的所有者、经营者、管理者、监督者恪尽职守，又不越位的局面，这样才能形成良好的运行机制，使企业富有活力。因此，为了切实建立起完善的公司法人治理结构和有效的公司治理机制，就要科学地配置公司的控制权。要保证股东大会的最终控制权，保证董事会独立决策权，保证经理自主经营管理的权力。董事会成员与经理人员不能过分重合，以确保董事会不被经理层所控制，能以公司和股东利益为取向主持公司的经营和决策；大型公司还应有外部董事和独立董事，以维护小股东和利益相关者的权益。职工代表依《公司法》进入董事会、监事会，使职工以法定的形式参与公司的决策和监督；在涉及职工经济利益的决策中要维护职工合法权益等。

挂牌公司应当按照法律、行政法规、部门规章、全国股份转让系统公司相关业务规定完善公司治理结构，确保所有股东，特别是中小股东享有平等地位，充分行使合法权利。挂牌公司应当依据《公司法》及有关非上市公众公司章程必备条款的规定制定公司章程并披露。挂牌公司与控股股东、实际控制人及其控制的其他企业应实行人员、资产、财务分开，各自独立核算、独立承担责任和风险。

2. 合理配置董事、监事及高级管理人员

随着申请挂牌新三板的企业逐渐增多，其中不乏一些计划挂牌新三板之后再到创业板或主板上市的企业，如果相关董事、监事、高级管理人员的任职不符合相关规定，则将导致该选举、委派或者聘任无效。因此，我们对拟挂牌新三板及考虑未来转板公司的董事会、监事会及高管成员的聘任，提出以下设置建议：

一、董事会

1. 相关规定

（1）股份有限公司设董事会，其成员为 5 人至 19 人。

（2）董事会成员中可以有公司职工代表。董事会中的职工代表由公司职工通过职工代表大会、职工大会或者其他形式民主选举产生。

（3）上市公司董事会中兼任公司高级管理人员以及由职工代表担任的董事人数总计不得超过公司董事总数的 1/2。

（4）发行人最近 3 年内主营业务和董事、高级管理人员没有发生重大变化，实际控制人没有发生变更。

2. 董事会人数及人员安排的分析建议

（1）鉴于新三板目前不要求在股份公司董事会中设立独立董事，为了公司的高效运营管理，公司董事人数不宜过多，建议控制在 5～7 人左右。针对部分公司未来考虑引入战略投资者或财务投资者的情况，建议其将董事会人数设置为 5 人为宜，以便为将来预留部分空间。

（2）董事会人数为 5 人，可由各位股东推荐或委派代表担任，暂时不建议设职工董事。因为设立职工董事不便于公司董事会代表股东利益最大化的运营管理，除非公司将来聘任职业经理人。

二、监事会

1. 相关规定

（1）股份有限公司设监事会，其成员不得少于 3 人。

（2）监事会应当包括股东代表和适当比例的公司职工代表，其中职工代表的比例不得低于 1/3，具体比例由公司章程规定。监事会中的职工代表由公司职工通过职工代表大会、职工大会或者其他形式民主选举产生。

（3）监事会设主席 1 人，可以设副主席。监事会主席和副主席由全体监事过半数选举产生。

（4）公司董事、高级管理人员在任期间及其配偶和直系亲属不得担任公司监事，最近两年内曾担任过公司董事或者高级管理人员的监事人数不得超过公司监事总数的 1/2。

（5）单一股东提名的监事不得超过公司监事总数的 1/2。

2. 监事会人数及人员的安排

（1）为了平衡公司运作的规范性和效率性，保持股东监事和职工监事的合理比例，实践中，绝大多数上市公司的监事人数为 3 人。建议拟挂牌公司将监事人数确定为 3 人。

（2）考虑未来投资者单位可能会派人参加，那么，如果监事人数设为 3 人，则职工代表 1 人，股东代表 1 人；设 5 人，则职工代表最少 2 人、股东代表 1 人。不考虑新进股东单位派人参加的话，建议设 3 人即可，则职工代表 1 人、股东代表 2 人。

三、董事会秘书与证券事务代表

1. 相关规定

　　上市公司设董事会秘书，负责公司股东大会和董事会会议的筹备、文件保管以及公司股东资料的管理，并负责与证券交易所联系办理信息披露事务等事宜。董事会秘书应取得董事会秘书资格证书。

　　董事会秘书应当由上市公司董事、副总经理或财务负责人担任。因特殊情况需由其他人员担任公司董事会秘书的，应经证券交易所同意。

　　上市公司在聘任董事会秘书的同时，还应当聘任证券事务代表，协助董事会秘书履行职责。在董事会秘书不能履行职责时，由证券事务代表行使其权利并履行其职责，在此期间，并不当然免除董事会秘书对公司信息披露事务所负有的责任。证券事务代表应当参加证券交易所组织的董事会秘书资格培训并取得董事会秘书资格证书。

　　2. 董事会秘书及证券事务代表的人员安排

　　上市公司必须设立董事会秘书和证券事务代表，并需要同时聘任，且由其组建董事会秘书负责管理的信息披露事务部门，证券事务代表主要配合董事会秘书的工作，在董事会秘书不能履行职责时，由证券事务代表行使其权利并履行其职责。

　　需要说明的是，董事会秘书和证券事务代表都必须参加证券交易所的培训并取得其颁发的董事会秘书任职资格证书，建议公司提早储备1~2名懂财务和法律的证券事务代表，为挂牌后期的转板做准备。

　　3. 董事会办公室的设置

　　根据上市公司惯例及公司实际情况，为做好规范运行工作，董事会可下设董事会办公室为其常设机构，由董事会秘书分管、证券事务代表主管，也可由董事会秘书兼职直管。在董事长的领导下，负责董事会的日常运行、处理股东大会相关事宜、公司信息披露、对外宣传和媒体关系管理、投资者关系管理等事项。同时，受监事会召集人委托处理监事会相关工作。董事会办公室及信息披露事务部门配备的人员最好应具有金融、财务、法律、管理等相关专业知识。

　　四、高级管理人员

　　1. 相关规定

　　高级管理人员是指公司的经理、副经理、财务负责人，上市公司董事会秘书和公司章程规定的其他人员。

上市公司的总经理、副总经理、财务负责人和董事会秘书等高级管理人员不得在控股股东、实际控制人及其控制的其他企业中担任除董事、监事以外的其他职务，不得在控股股东、实际控制人及其控制的其他企业领薪；发行人的财务人员不得在控股股东、实际控制人及其控制的其他企业中兼职。

2. 高管人员设立及安排分析建议

上市公司人员应独立于控股股东。上市公司的经理人员、财务负责人、营销负责人和董事会秘书在控股股东单位不得担任除董事以外的其他职务。上市公司的财务人员不得在控股股东、实际控制人及其控制的其他企业中兼职。控股股东高级管理人员兼任上市公司董事的，应保证有足够的时间和精力承担上市公司的工作。

上市公司法定高管为总经理、副总经理、董事会秘书、财务负责人，公司也可根据需要另行在公司章程中确定其他人员为高管人员。

因此，在公司股改设立高级管理人员时，应提供以下补充说明建议：

（1）公司的总经理、董事会秘书和财务负责人一经选定，原则上尽量不要变动，以符合首发管理办法的规定。

（2）公司的高级管理人员人数不宜过多，建议高级管理人员总人数控制在3~5名。

（3）公司高级管理人员不得同时在集团控制的其他企业中担任除董事、监事外的其他职务。

（4）尤其是公司的财务人员不得在控股股东、实际控制人及其控制的其他企业中兼职。

五、有关组织机构与人员安排的原则性要求

公司考虑上市，要依法建立健全股东大会、董事会、监事会、独立董事和董事会秘书制度，相关机构和人员能够依法履行职责。公司应当做到依法与控股股东、实际控制人及其关联人的人员、资产、财务分开，机构、业务独立，各自独立核算、独立承担责任和风险。而且上市公司的人员应当独立于控股股东、实际控制人及其关联人。

公司的人员独立具体是指：公司的总经理、副总经理、财务负责人和董事会秘书等高级管理人员不得在控股股东、实际控制人及其控制的其他企业中担任除董事以外的其他职务，不得在控股股东、实际控制人及其控制的其他企业领薪；公司的财务人员不得在控股股东、实际控制人及其控制的其他企业中兼职。

公司的机构独立具体是指：公司应当建立健全内部经营管理机构，独立行使经营管理职权，与控股股东、实际控制人及其控制的其他企业间不得有机构混同的情形。

人员和机构的安排与组建，需要公司董事、高级管理人员没有发生重大变化。对于重大变化的界定，并无明文规定，但是证监会或全国股转系统会重点考虑变化人员的数量比例和对公司管理的影响力。

公司领导决定相关董事、监事、高级管理人员的人选时，需要注意担任公司的董事、监事、高级管理人员不得具有以下情形：

（1）无民事行为能力或者限制民事行为能力。

（2）因贪污、贿赂、侵占财产、挪用财产或者破坏社会主义市场经济秩序，被判处刑罚，执行期满未逾5年，或者因犯罪被剥夺政治权利，执行期满未逾5年。

（3）担任破产清算的公司、企业董事或者厂长、经理，对该公司、企业的破产负有个人责任的，自该公司、企业破产清算完结之日起未逾3年。

（4）担任因违法被吊销营业执照、责令关闭的公司、企业的法定代表人，并负有个人责任的，自该公司、企业被吊销营业执照之日起未逾3年。

（5）个人所负数额较大的债务到期未清偿。

（6）被中国证监会采取证券市场禁入措施，期限尚未届满。

（7）最近36个月内受到中国证监会行政处罚，或者最近3年内受到证券交易所公开谴责。

（8）被证券交易所公开认定不适合担任上市公司董事、监事和高级管理人员。

（9）因涉嫌犯罪被司法机关立案侦查或者涉嫌违法、违规被中国证监会立案调查，尚未有明确结论意见。

3. 本节相关案例

一、拓川股份董事、高管亲属任公司监事的问题

北京拓川科研设备股份有限公司（简称拓川股份，股票代码430219），成立于2004年8月6日，2012年8月6日整体改制为股份有限公司，2013年5月17日，公司正式挂牌新三板，注册资本为650万元。公司主要经营销售机械设备、自行开发的产品、计算机、软件及辅助设备、电子产品、化工产品（不含有危险品及易制毒化学品）；技术开发、技术转让、技术咨询、技术服务、技术培训、技术推广；货物进出口、技术进出口、代理进出口。

公司存在董事、高管亲属担任董事、监事事宜。董事刘柏荣为公司控股股东、董事长兼总经理刘柏青之弟。公司监事马小骥为董事兼副总经理马捷之子。公司监事刘绵贵为公司董事长兼总经理刘柏青之姐夫，为董事刘平之父。

为了保障公司权益和股东利益，确保监事及监事会有效履行职责，公司建立了相应的治理机制；《公司章程》明确规定了监事及监事会的职责、权利和违法违规处罚机制，同时公司制定了《监事会议事规则》《关联交易管理办法》等制度，要求公司监事严格按照有关规定监督董事及高级管理人员的行为，并建立了关联监事回避表决机制。此外，公司的董事、监事及高级管理人员均就公司对外担保、重大投资、委托理财、关联方交易等事项的情况，是否符合法律法规和公司章程及其对公司影响发表了书面声明。

二、普康迪数码科技股份有限公司"董监高"兼职问题

普康迪数码科技股份有限公司在挂牌过程中所遇到的问题：公司的董事、监事和高管兼任关联公司的董事、监事和法定代表人。公司"董监高"的兼职行为是否符合《公司法》对于"董监高"任职资格和义务的相关规定？

经主办律师与公司董事、监事和高级管理人员访谈，查阅有关法律法规、公司及相关关联公司的工商档案文件、材料并调取《公司章程》《股东大会议事规则》《董事会议事规则》《监事会议事规则》《总经理工作细则》《董事会秘书工作细则》《关联交易管理制度》等公司治理相关制度及股东大会、董事会、监事会会议记录和决议，核查了解公司内部组织结构、"三会"实际运行情况等事项，就下列事项发表意见如下：

（一）经核查，公司的董事、监事和高管兼任关联公司的董事、监事和法定代表人并无违反法律禁止性规定；

（二）经核查，《公司法》第 147 条至第 152 条对公司的董事、监事和高级管理人员的任职资格和义务作出了相关规定，公司的董事、监事和高管兼任关联公司的董事、监事和法定代表人符合相关规定。

（三）经核查，目前，郭云霞、刘巍、赵艺、王栋颖除了在关联公司担任执行董事或监事外，未在关联公司担任其他职务。经核查，郭云霞、刘巍、赵艺、王栋颖兼职的上述企业与公司之间在实质上不存在同业竞争。

（四）经核查，公司具有完善的公司治理结构，已依法建立健全了股东大会、董事会、监事会以及董事会秘书制度。根据公司《公司章程》《股东大会议事规则》《董事会议事规则》《监事会议事规则》《关联交易管理制度》《信息披露事务管理制度》《对外投资管理制度》《投资者关系管理制度》等公司治理文件，公司相关制度安排对中小投资者的决策参与权及知情权能够提供充分的保障。公司已建立健全组织机构且运行良好，建立了现代企业制度，对中小投资者的合法利益能够提供充分的制度保护。

（五）郭云霞、刘巍、赵艺、王栋颖作为公司董事，已出具承诺：

1. 本人不存在《公司法》第 146 条规定的不得担任公司董事、临事和高级管理人员的情形，即不存在下列情形：（1）无民事行为能力或者限制民事行为能力；（2）因贪污、贿赂、侵占财产、挪用财产或者破坏社会主义市场经济秩序，被判处刑罚，执行期满未逾 5 年，或者因犯罪被剥夺政治权利，执行期满未逾 5 年；（3）担任破产清算的公司、企业的董事或者厂长、经理，对该公司、企业的破产负有个人责任的，自该公司、企业破产清算完结之日起未逾 3 年；（4）担任因违法被吊销营业执照、责令关闭的公司、企业的法定代表人，并负有个人责任的，自该公司、企业被吊销营业执照之日起未逾 3 年；（5）个人所负数额较大的债务到期未清偿。

2. 本人不存在下列情形：（1）被中国证监会采取证券市场禁入措施尚在禁入期的；（2）最近 36 个月内受到中国证监会行政处罚，或者最近 12 个月内受到证券交易所公开谴责；（3）因涉嫌犯罪被司法机关立案侦查或者涉嫌违法违规被中国证监会立案调查，尚未有明确结论意见。

3. 本人不担任普康迪（北京）数码科技股份有限公司的监事。

4. 本人不存在尚未了结的或可预见的重大诉讼、仲裁及行政处罚案件。

5. 本人未占用公司资金，与公司不存在大额借款，未与公司发生关联交易。

6. 本人不存在未经股东大会同意，利用职务便利为自己或者他人谋取属于普康迪（北京）数码科技股份有限公司的商业机会，自营或者为他人经营与普康迪（北京）数码科技股份有限公司同类业务的情况。

郭云霞、刘巍作为公司实际控制人，已出具承诺："本人及本人直接或间接控制的除股份公司及其控股子公司以外的其他企业目前没有、将来也不直接或间接从事与股份公司及其控股子公司现有及将来从事的业务构成同业竞争的任何活动。对违反上述承诺而给股份公司造成的经济损失，本人将承担赔偿责任。"

（六）核查意见

综上所述，郭云霞、刘巍、赵艺、王栋颖的兼职行为符合《公司法》对于"董监高"任职资格和义务的相关规定，不会影响其客观、公正、独立地履行董事或高管职责，不会对公司及其他股东的利益产生不利影响，不会影响公司生产经营活动的独立性。

第五节　规划企业发展战略

1. 战略规划存在的问题

战略规划就是制定企业的长期目标并将其付诸实施。和企业日常的经营管理工作相比，战略规划是一个宏大的概念。不过，宏大并不意味着模糊、空洞。那些有效的，高附加值的战略往往是很具体的，因为它们是在总结发展经验的基础上制定出来的。

在企业经营过程中，战略规划经常会出现下面十类问题：

1. 没有长远的发展规划，缺乏清晰的发展战略和竞争战略。

2. 缺乏科学的决策机制，战略决策随意性大。

3. 总经理兢兢业业，员工勤勤恳恳，可企业就是停滞不前。

4. 仅通过总经理个人的直觉和经验对公司战略进行判断。

5. 没能充分认识市场和竞争环境，缺乏量化的客观分析。

6. 盲目追逐市场热点，导致企业投资过度多元化，以至资源分散，管理混乱。

7. 企业内部对未来发展方向存在分歧，没有达成共识。

8. 战略的制定没有经过组织内部的充分沟通和交流，以至于既定战略缺乏组织内部的理解和支持。

9. 没有对战略目标进行充分分解，也没有具体的行动计划，导致无法落实到企业的日常经营管理活动中，成为纸上谈兵的幌子。

10. 缺乏有效的战略执行手段和保障措施，从而导致在组织结构、人力资源规划、财务政策等方面与战略脱节。

要想避免和解决这些问题，就要制定长远的战略规划，并付诸有效的实施。一般来说，制定公司战略规划分为三个步骤。

第一步是战略环境的分析和预测。关于这一点，通常来说就是分析一下企业的经营特征，也就是"我是谁？"除了对自身的情况进行分析之外，还要分析诸如经济、文化、技术及社会环境等在内的宏观环境，大概判断出这些领域现在或者将来可能发生的变化情况。在此基础上，寻找市场并识别出把握市场机会将遇到哪些障碍，会有什么缺陷等等。这是对战略环境进行分析和预测的目的所在。

第二步就是制定目标。战略目标和我们通常所说的经营目标有所不同。战略规划的落脚点是可评估、可衡量、可操作的规划，要做到这一点，就要量化目标。比如说，企业的市场份额要达到多少，销售额要达到多少，利润要达到多少，要达到这些目标的时间需要如何控制，什么时候实现这些目标等等，这些都属于对目标的量化。

第三步就是制定实施战略的措施。例如，要制定资金和其他资源的分配方案，要选择执行过程的衡量、审查及控制方法。

2. 制定企业发展战略遵循的原则

企业发展战略对企业能否长远发展起着至关重要的作用。一些企业难以发展壮大的原因往往是发展战略出现了问题。企业没有发展战略就像是一艘在漫无边际的大海上没有指南针来辨别方向的大船。同样，如果企业的发展战略不实际，无异于纸上谈兵，不能发挥实际的作用。因此，企业要发展，就一定要梳理出自己的发展战略。

为保证企业发展战略的科学性及可操作性，能使企业发展战略起到应有的作用，在制定企业发展战略时，要遵循可持续发展、量力而行、比较优势、规模经济、成本性、开放性和动态性原则。

一、可持续发展原则

在制定企业发展战略的时候，必须考虑到企业的可持续发展问题。可持续发展强调几个方面的替代：技术替代、产品替代、体制替代、产业替代。这四种替代的速度越快越好。替代的越好说明企业越有发展活力。评价一个企业是否具有发展潜力，就是看企业的四个替代的速度快不快。设计评价标准必须要考察产品周期、技术周期、体制周期、产业周期。这四个周期越短越好，替代越快越好。

二、量力而行原则

企业发展战略的制定必须考虑企业的承受能力。在一定时期内，企业在人、财、物、体制等方面的承受能力是有限的。发展战略的制定不能超过企业的承受力。发展战略要服从企业的承受能力。超过企业承受力的战略不是好战略，不会保持企业的发展，很可能加速企业的衰亡。

三、比较优势原则

在制定企业发展战略中一定要分析企业的比较优势。这里强调的不是企业的绝对优势，而是强调企业的比较优势，即我们和别人相比，优势在哪里。要对比较优势进行深入的分析，才可能设计出切实可行的发展战略。否则，只是看别的企业干什么事，你也设计自己干什么，那是不可能成功的。

四、规模经济原则（规模原则）

规模经济原则是指在企业发展战略的设计上，一定要考虑规模经济或不经济的问题。如果不考虑规模经济的要求，那么企业战略可能会失误。凡是不按照符合规模经济要求的生产（服务）能力标准而制定的企业发展战略，不会起到任何积极作用。

五、成本性原则

成本性原则是指我们在发展战略的设计上不能离开企业这两个字。尤其在企业发展战略上要考虑对企业的非企业目标的限制问题。要克服在制定企业发展战略时政治热情和个人情结的表现。要理智地处理好企业目标和非企业目标的有效结合问题。所以，一定要强调成本性原则。

六、开放性原则

开放性原则是强调企业在制定发展战略中要消除思路的狭窄性。在产业发展战略、市场发展战略和产权制度上要有开放的理念，才会把企业发展战略设计得好一点。

七、动态性原则

动态性原则是指在企业发展战略设计中，一定要把未来的预期搞清楚。预期就是对未来整个企业的发展环境以及企业内部本身的一些变革，要有科学的预期性。企业在发展战略上频繁调整是不行的，企业发展战略作用期为 3 ~ 5 年。在制定企业发展战略时要考虑到动态性的问题。所以，一定要搞清楚未来发展预期。动态性原则既强调预期，也强调企业的动态发展。企业在大体上判断正确的条件下，做一点战略调整是应该的。这个调整是小部分的调整，而不是整个战略的调整，这就要求有动态性原则。

3. 在战略梳理过程中制定战略规划

企业发展战略可以是公司未来一定时期内的预期实现目标，也可以是根据公司综合情况与需求制定的一个远期可实现的规划结果。对于国内众多的中小民营企业而言，战略发展目标既可以是 3 ~ 5 年努力成为行业中的标杆代表或技术翘楚，也可以是登陆新三板成为一家公众公司或直接成功实现 IPO，还可以是成为某一行业或细分领域中的龙头乃至走向国际化，企业战略发展目标可大可小，具体须根据行业、企业自身特点与需求量身定制，但均须成为企业在相对中长期时期内的重要方向与行动指南。制定战略发展目标前，企业首先应当进行战略梳理，战略梳理包括两方面内容：

一、梳理企业的愿景、使命、价值观

这需要对企业的内外部环境进行初步的分析，包括客户是谁、产品是什么、市场在哪里、技术条件怎么样、竞争环境的情况、自身的对比优势劣势等。我们在完成内外部环境分析的基础上，以召开战略研讨会的形式，组织高层集中讨论企业的愿景、使命、价值观，从而带领企业的核心管理层梳理出企业愿景——在业务领域内，企业未来要变成什么样子？企业使命——企业存在的意义是什么，在何种大的业务范围里面发展？企业价值观——各业务单位应当遵循的企业整体的核心价值理念是什么？

二、梳理企业的业务组合策略

业务组合策略可以帮助企业明确未来的发展方向，根据业绩事实对现有业务进行取舍和对资源进行合理分配，使利益最大化。借用"波士顿矩阵"的合理变形，来分析出企业近两年的业务变化趋势，将规模大、利润高的健康业务定位为核心业务，把规模和利润率均尚可的业务定位为成长业务，把目前规模与利润率低的业务定位为未来业务。业务组合的策略可以帮助企业内部对未来发展方向达成共识，也便于营销、生产、研发和人力资源等岗位明确其未来的工作重点。

业务的梳理有助于辅助企业进行下一步的战略阶段规划。因为企业的愿景是个长远的计划，与企业的现实往往存在差距，这种差距需要数十年的有针对性、有计划的努力。那么，企业的高层要分阶段对企业的愿景进行阶段性描述，使战略目标看起来不那么遥不可及。财务目标和市场目标可以作为战略阶段规划的两项重要指标，也可以以召开战略研讨会的方式让高层集中讨论、制定。

在战略梳理的过程中会渐渐发现，组织架构是需要随着战略的改变而改变的。因为功能清晰、运作流畅的组织架构是战略能够得以良好执行的前提，组织间的合作、协同对战略执行至关重要。组织架构的调整要结合之前研讨出的企业愿景、使命、价值观以及业务组合、战略阶段目标来调整。一个合理的组织架构要能清晰地反映出企业各部门的使命和功能以及相互之间的协助关系，并能被企业的员工理解与支持。

那么，战略规划从哪里入手呢？通常来说，我们可以把战略规划分成七个阶段：

第一阶段，市场与用户分析。一个不了解市场和用户的企业是很难生存下去的。深入细致的市场和用户分析是整个战略规划的基础，因为后面几步均以市场和用户分析的结论作为前提。

第二阶段，竞争对手分析。目的是了解谁是现有的、直接的竞争对手，谁是将来有可能加入的潜在竞争对手，对本企业产品或服务可能构成威胁的替代品是什么。

第三阶段，理想的、完整的产品描述。这一部分是在不考虑资源限制的前提下，从最理想的角度来探讨目标客户最希望的产品和服务是什么样。当然，这里所说的产品指的是完整产品而不仅仅是核心产品，包括服务和体验。

第四阶段，企业的长远目标与发展方向，一旦企业掌握了市场和用户需求，同时也了解了竞争状况，以及对用户来说最理想的产品是什么样，就很容易明确本企业的市场定位。也就是说，企业存在的价值是什么，企业的长远目标和发展方向是什么，形成通俗易懂的一段话。

第五阶段，成功要素分析。在制定企业战略的过程中，一旦目标确定下来，就要从正反两个方面去论证，把哪些事情做好了就能实现目标，制约企业实现目标的障碍是什么，有哪些潜在的问题与风险，企业的应变措施分别是什么。

第六阶段，组织架构设计与财务分析。战略明确之后，就要有组织上的保障，通过排兵布阵，把有限的资源用在刀刃上，并理顺不同职能之间的关系，明确谁是谁的内部客户。然后，将未来5年的人力资源成本计算出来，为综合财务分析和投资回报分析奠定基础。

第七阶段，第一年的战术实施计划。要把战略分解成具体的动作，明确下一年集中精力做什么，哪些方面既重要又紧急，哪些方面重要而不紧急，哪些方面紧急而不重要。要把相对宏观的计划变成具体的动作，成为可以衡量、监督、检查的行为，并落实到具体的责任人，这样才有希望完美地执行。

战略梳理的整个过程，就是将高管层大脑中多年积累的战略思想进行整理和修剪，形成公司内部统一的战略目标，形成各部门明确的行动计划，并将其与组织架构及流程制度相结合，确保符合企业的战略思想能有效地辅助战略的实施和执行。这对一个企业的发展起着至关重要的作用，每个企业及企业的领导人对此都应该有充分的认识。

4. 本节相关案例

一、互动百科改变发展战略，拟挂牌新三板

2015 年 7 月 1 日，互动百科在北京召开媒体沟通会，宣布将拆 VIE（"可变利益实体"）转投国内资本市场，预计在 2015 年年底前完成新三板挂牌。以前，中国的互联网企业构架 VIE，目的就是赴海外寻求资本市场融资。如今，中概股选择私有化、企业拆 VIE 正在成为国内资本市场的一道风景线。

互动百科成立于 2005 年，目前词条总量已超过 1000 万，是传统大百科全书的 200 倍；覆盖人群 1000 余万人，手机 APP 用户超 2000 万。作为较早一批依托于桌面互联网搜索平台起家的企业，互动百科跟维基百科业务模式一样，在当年融资时同样也采取了 VIE 结构。也就是由外国投资者和中国创始股东成立一个离岸公司，再由离岸公司在中国境内设立一家公司，从而实现境外投资结构。

从萌生拆 VIE 的念头，互动百科只花了 6 个月时间就完成了拆 VIE。正常的公司发展是从 A 轮到 C 轮，一轮一轮的融资，但互动百科要拆 VIE 回归是反过来做。与暴风科技选择创业板不同，互动百科选择了风险系数更高的新三板。作为一个成长中的资本市场，新三板目前挂牌企业已近 2600 家，但是交易活跃度和质量仍需进一步提高。

互动百科创始人兼董事长潘海东表示，互动百科之所以选择新三板上市，在于新三板制度更灵活包容。随着多层次资本市场的逐步成熟，新三板可以对公司给出合理的估值水平，更符合创新、创业企业的成长需求。

互动百科的投资方之一晨晖资本创始合伙人晏小平认为，伴随着 VIE 架构公司批量回归新三板，将会有效改善创业企业过早被并购或者"C 轮死"的结局，这将有利于创业价值最大化，也是中国资本市场大规模拥抱创新公司的开始。

事实上，互动百科投资方之一盛景嘉成母基金此前就已发布专门关注拆红筹的"盛景中国龙腾回归母基金"（首期 20 亿），透过投资一线人民币回归基金支持将原 VIE 架构的创新公司接回国内资本市场上市，预计未来 3 年将迎接超过 1000 家 VIE 结构公司回归中国资本市场。

二、中兴通讯子公司拟挂牌新三板，提升分业务估值

中兴通讯于 2015 年 11 月 12 日发布公告称，拟将控股子公司上海中兴进行改制设立股份公司，申请在全国中小企业股份转让系统挂牌。根据相关规定，上海中兴需清理员工股代持问题，即由刘伯斌将其代上海中兴员工持有的上海中兴 10% 股权转让给由上海中兴实际持股员工为有限合伙人的两家有限合伙企业。

上海中兴成立于 2004 年，主营业务为室内覆盖产品、守护宝产品等，2014 年营业收入 5.78 亿，净利润 4368 万元。中兴通讯持有上海中兴 90% 股权。中兴坚持自主创新介入新兴业务领域，前三季度研发投入达 82 亿元，实现占比达 12% 的历史高点，知识产权和专利储备位于国内外前列。

中兴 M – ICT 战略聚焦"运营商、政企、消费者"三大市场，围绕"新兴领域"进行蓝海布局。高端路由器首次进入中国电信骨干网核心路由器集采，未来为公司打开国内百亿规模的高端路由器市场。以芯片、政企、物联网、车联网、云计算、大数据、视频等为代表的新兴业务实现快速增长，政企市场业务有望成为新的增长点。

中兴率先发展 Pre – 5G 技术，将现有的 4G 网络频谱利用率提升 4～6 倍，预计 2015 年底正式实现商用；重点投入 5G 关键核心技术，为未来规模化商用奠定基础；已与全球多个运营商及合作伙伴展开 SDN/NFV 合作，支撑了下一代网络创新和业务创新。

上海中兴在全国股转系统挂牌后，将按照公众公司进一步完善治理结构，提升经营效率，同时可以借助融资平台引入更多资金发展现有及未来业务。有利于提高母公司对上海中兴的投资价值及未来实现更高投资回报的可能性。考虑到国家半导体产业基金入股中兴微电子，带来芯片资产价值重估，整体有利于推动各个业务分拆估值。

三、中海阳新能源电力股份有限公司借力新三板，实现战略布局

中海阳新能源电力股份有限公司（股份代码：430065）是国家级的高新技术公司，作为专业的太阳能电站服务商，主要从事以太阳能发电为主的新能源行业。公司成立于 2005 年 7 月 12 日，2009 年 9 月完成股份制改造，并于 2010 年 3 月在全国股份转让系统挂牌成功。

登录全国股份转让系统后，中海阳于 2010 年 6 月进行了第一次定向增资，以每股人民币 9 元的价格增资 1250 万股，共募集资金 1.125 亿元人民币，注册资本增至 6000 万元。公司将募集资金全部用于太阳能电站核心技术的研发上，并继续扩大对太阳能光伏产品及 LED 绿色照明产品的投资力度，提升公司的自主创新能力，增加核心竞争力。此次定向增资从公告募集方案到完成工商登记变更，历时仅 3 个月。

2010 年 11 月，中海阳启动第二次定向增资，以每股人民币 21.2 元的价格增资 1000 万股，募集资金 2.12 亿元人民币，注册资本增至 7000 万元。公司尝到了融资的第二个甜头：挂牌等于公司价值提升，等于公司估值提升，等于股权价值提升，最终，公司可以用更少的股权融得更多的资金。

通过两次定向增资，中海阳共募集 3.245 亿元的资金用于公司发展、项目开发，对公司飞速发展起到了突飞猛进的积极促进作用。在拥有充裕资金支持的情况下，中海阳放开手脚大胆进行战略布局，为公司"专业的太阳能电站服务商"进行了全方位市场定位，从原来的太阳能光伏领域，延伸到了太阳能光热领域。至此，公司的业务范围得到了全方位拓展。

然而，这还不是挂牌为公司带来"实惠"的全部。挂牌后，公司等于做上了常年免费广告，公司的整体品牌形象得以提升，于是公司在新三板市场的平台上有机会对接更多的潜在客户资源，从而获得更为充裕的项目储备，业务机会随之增多，在业务关系中的定价、议价能力也相应增强，2010 年公司新签订合同额达 5.5 亿元，是 2009 年签订的太阳能光伏项目合同的 6.32 倍；同时品牌实力的提升还吸引了许多战略投资者向中海阳伸出橄榄枝，希望在项目、公司发展等各个领域寻求合作机会，共同开发太阳能产业。

此外，步入新三板市场，更使得公司内部治理结构得到了完善。由于新三板所有操作模式都是参照主板实施，在新三板的规范指导下，促进了公司的内部治理结构完善，使公司管理、经营更加规范化、科学化、合理化，公司从行为上、思想上都朝向更高一层的公众化公司递进。

第六节　强化企业内部控制

1. 企业内部控制的基本内容

企业内部控制是企业为实现经营目标，保证生产经营活动的高效率运行，保护企业资源的安全完整，确保财务会计信息的正确性、可靠性、一致性，提高经济效益，促进贯彻执行既定的管理政策，而在企业内部所采取的组织规划和一系列相互协调的方法、措施、程序的总称。

为了实现内部控制的有效性，需要下列五个方面的要素支持：控制环境、风险评估、控制活动、信息与交流、监测。

控制环境，包括最高管理层的完整性、道德观念、能力、管理哲学、经营风格和董事会的关注、指导。其特征是先明确定义机构的目标和政策，再以战略计划和预算过程进行支持；然后，清晰定义利于划分职责和汇报路径的组织结构，确立基于合理年度风险评估的风险接受政策；最后，向员工澄清有效控制和审计体系的必要性以及执行控制要求的重要性，同时，高级领导层需对内部控制的规章制度的执行作出承诺。

风险评估，是指在既定的经营目标下分析并减少风险。通过对经营目标的风险预测分析和评价，对未来执行过程中可能的出现风险、开销、危害等早有防范，降低损失。

控制活动，是指确保最高管理层到一般管理者管理指令得以实施的政策、程序及实施过程。它包括批准、授权；业务事件、确认计量、数据稽核，会计分录审核；处理流程核实（包括内部控制模型）；检查业绩；风险披露限制；职责划分；生产安全。制定控制程序的原则有：避免由"相关人士"组成的集团从头到尾控制某个操作或交易；坚持相悖业务不能一个人兼，任何会计事件不能一人处理的原则。

信息与交流，是经营管理信息的不断掌握、处理、交流与反馈的动态过程。它是整个内部控制系统的生命线，为管理层监督各项活动和在必要时采取纠正措施提供了保证。内控是一个动态的过程，依据环境，制定措施，信息反馈，进行纠错，如此不断改进的过程；是一个循环提高、螺旋上升的无止境过程。同时，内部控制受成本效益原则的约束。

监测，意在评估内部控制，贯穿于经营活动之中，具有一定的超然独立性。监测的实施途径可以是内部审计，也可以是内部控制自我评估。前者的实施人是独立的职能部门，而后者是由管理部门和员工完成的。内部审计的目的是，就控制系统的风险和操作情况向管理层提供独立保证并帮助管理层有效地履行责任。内部审计是先依据审计章程，确定审计单位的独立性及其作用。然后将称职的工作人员分成三个主要单位，分别承担财务、操作和电子数据处理的工作。再根据机构的主要业务风险编写审计计划，密切和平衡地关注计划、实地工作、报告以及每次审计的后续工作。最后，就操作系统的运作与管理层执行简明扼要和持续的沟通。应该让内部审计的结论为人所知。审计委员会监督内部审计的过程，采用外部审计评估控制系统，就财务报表的真实性和公正性提出意见。

2. 企业内部控制建设

企业内控建设应当以经营的效率与效果为主导目标，以财务报告可靠、资产安全与经营合规为三个保障目标，在此基础上，建设实务将围绕内控组织的设置与内控建设的五要素展开。

一、内部控制组织

组织是体系运行的基本保障。通常的内控组织包括董事会与经营层两个层面，强调内部控制的建设与实施是董事会的责任，并且下设审计（风险）管理专门委员会加强管理。此外，内控组织的设置特别强调经理层是企业内控建设的具体实施者与责任人，各经营管理部门按照职能进行内部控制的建设与实施。其中，是否设置专职的内控部门是企业界关注的焦点，通常的设置方式包括三种：

1. 单独设置内控部门。优点是有利于提高内控建设的初期推动效率。缺点是内控部门与经营管理部门割裂，未能很好地体现内部控制责任与经营管理责任的融合。此方式在金融类企业普遍应用，对于实体经济体，通常不设置专职的内控部门。

2. 由内部审计部门牵头负责内控工作。优点是待体系初建完成且运行平稳后，内部审计作为内控的监督部门，可以立足于公司整体牵头协调各部门定期进行内部控制的自我评价，并且持续完善内控体系的建设。缺点是国内企业内审部门往往人才匮乏，在内控建设的初期独立当此重任可能力不从心。

3. 在内部控制建设集中期设立内部控制建设办公室，该办公室从各主要部门抽调人员专职从事内控体系建设工作，待体系正式运行时，办公室解散，人员归位到各经营管理部门，且牵头职能也归位至内审部门。此方式的优点是可以集中各部门力量完成内部控制的体系化建设，待体系平稳运行后，相关人员回到经营管理部门的骨干岗位上，有利于促进各经营部门对内部控制体系的理解，有利于内控与经营管理的融合。实践表明，对于管理基础弱的实体经济企业，采取方式三的内控推行效果较佳。

当然，组织的设置没有一定之规，企业应当依据自身的特点设置内部控组织，明确相关的管理责任。

二、内部环境的诊断与完善

内部环境是企业内部控制建设与运行的载体，企业在建设内部控制机制时，首先要诊断与完善内部环境。一方面，内部环境的完善可以为控制活动的设计与运行奠定基础；另一方面，内部环境的诊断可以加强控制活动与内部环境的匹配性，有利于控制活动的顺畅运行。

通常，内部环境的诊断与完善包括六个方面的内容：治理结构、机构设置、权责分配、内部审计、人力资源政策、企业文化。其中，机构设置、权责分配与内部审计的定位三个方面必须先行完善，后续的控制活动设计与运行才会顺畅。治理结构、人力资源政策与企业文化三个方面，可以伴随控制活动的运行同步完善。

三、动态的风险评估

风险评估是内部控制体系化建设的重要表现，是后续内控措施设计的重要依据。根据成本效益原则，企业应当针对评估的重要风险强化内部控制措施，有效降低风险。对于次要风险，企业应当简化控制活动与流程设计，承担相关的风险，体现经营的效率与效果为主导目标的内控建设理念。

风险评估包括风险辨识与风险评估两个阶段。在风险辨识阶段，企业应当围绕内部控制目标，识别影响目标实现的不确定性因素，辨别企业风险并进行分类，形成企业的风险管理库。通常，企业的风险可以划分为战略风险、市场风险、运营风险、财务风险与法律风险五类，并在此基础上进一步细分。在风险评估阶段，企业应当运用二维风险评估坐标图，从破坏性与发生频率两个维度评估风险，并将风险点界定为重大风险、中风险与低风险。企业应当依据行业特点与目标设置等确定风险评估的标准，评估标准应当注意定量与定性标准相结合。

在实务中我们强调，处于不同行业的企业，或是同一行业的不同企业，或是同一企业处于不同的发展阶段，其风险评估结果各不相同。为此，企业应当至少每年评估一次风险，及时发现新环境、新业务带来的新风险，动态地调整风险评估结果，进而动态地调整控制活动规范，让原本静止的内控制度动起来，始终踏上企业发展的节奏。

四、控制活动的设计

控制活动是内控体系实施的核心要素，企业在规范控制活动的过程中，应当形成内部控制政策与程序手册（下简称"内控手册"）。

企业在设计控制活动时，应当树立与经营管理活动相融合的设计理念，首先界定企业的控制活动循环，然后将内部控制措施嵌入控制活动中，完善经营管理活动的制度流程设计，形成企业的内控手册。内控手册分模块设计，每一模块一般包括五个方面的内容：

1. 管理目标。围绕内部控制的目标，企业在设计内控手册时，首先应当明确控制活动的管理目标。例如采购付款循环，其管理目标应当包括保障物资供应、提高采购效率、降低资金占用、控制采购成本、保证核算准确等。

2. 管理机构及职责。该部分将控制活动涉及的组织及职责清晰界定，以确保后续流程运行的顺畅性。

3. 授权审批矩阵。该部分应当明确控制活动涉及的所有权限在董事会、经理层与各职能部门间的划分，并且明确各级审批责任。

4. 控制活动要求。该部分一般以制度文本的形式书写，明确控制活动各控制环节的内控要求，作为相关经营管理流程设计的基础。

5. 比照上述几部分，各经营管理部门应当重新梳理与完善业务流程，针对关键风险点强化控制措施，确保组织职责、授权审批、内控要求落实到经营流程中，保证管理目标的实现。

在内控手册的设计过程中，特别强调与企业现有的经营管理活动相融合的设计理念，切忌脱离原有制度流程设计孤立的内控手册，以避免实务中业务部门仍参照原有流程、内控手册，新内控手册则束之高阁的现象。

五、信息与沟通贯穿始终

信息与沟通是指在内控建设中，保证在恰当的时机让恰当的岗位获取适当的信息。信息与沟通的设计应当贯穿于内部环境、风险评估与控制活动的始终，例如风险评估报告的报告程序，控制活动中的控制文档设计，都体现了信息与沟通要素的建立与健全。

六、内部监督手段。

内部监督置于五要素之末，是内控管理闭环的体现。为此，内部监督也可以视为五要素之首，是内部环境、风险评估、控制活动、信息与沟通要素持续完善的基础。内部监督手段包括风险预警、内部评价与绩效考核，三者缺一不可。

风险预警是较新的管理工具，通过预警指标的报告与跟踪，可以突破企业传统的内部审计在时间与空间上的限制，运用现代企业高效的信息集合手段，帮助管理层从浩如烟海的数据中提炼关键信息，捕捉企业易于忽略或是下级管理者企图隐瞒的临界数据，及时发现并采取措施防范风险。风险预警系统的设计包括选择指标项、设定临界值、跟踪分析报告与修正临界数据四项工作。企业应当结合自身的行业特点与管理重点设定风险预警指标，并且逐步积累临界值。

内部控制的自我评价是基本规范的要求，也是管理审计的重要组成部分。内部评价手段完善的关键是建立评价标准与评价流程，明确内控缺陷的认定标准，规范评价报告。

此外，绩效考核强调将内部控制建设与运行的有效性纳入企业的绩效考核，以促进内控体系的实施。

3. 本节相关案例

一、华源集团内控失败，导致信用危机

华源集团成立于1992年，在总裁周玉成的带领下华源集团13年间总资产

猛增到 567 亿元，资产翻了 404 倍，旗下拥有 8 家上市公司；集团业务跳出纺织产业，拓展至农业机械、医药等全新领域，成为名副其实的"国企大系"。进入 21 世纪以来，华源更以"大生命产业"示人，跃居为中国最大的医药集团。

但是 2005 年 9 月中旬，上海银行对华源一笔 1.8 亿元贷款到期；此笔贷款是当年华源为收购上药集团而贷，因年初财政部检查事件，加之银行信贷整体收紧，作为华源最大贷款行之一的上海银行担心华源无力还贷，遂加紧催收贷款；从而引发了华源集团的信用危机。

国资委指定德勤会计师事务所对华源集团做清产核资工作，清理报告显示：截至 2005 年 9 月 20 日，华源集团合并财务报表的净资产 25 亿元，银行负债高达 251.14 亿元（其中子公司为 209.86 亿元，母公司为 41.28 亿元）。另一方面，旗下 8 家上市公司的应收账款、其他应收款、预付账款合计高达 73.36 亿元，即这些上市公司的净资产几乎已被掏空。据财政部 2005 年会计信息质量检查公报披露：中国华源集团财务管理混乱，内部控制薄弱，部分下属子公司为达到融资和完成考核指标等目的，大量采用虚计收入、少计费用、不良资产巨额挂账等手段蓄意进行会计造假，导致报表虚盈实亏，会计信息严重失真。

华源集团 13 年来高度依赖银行贷款支撑，在其日益陌生的产业领域，不断"并购——重组——上市——整合"，实则是有并购无重组、有上市无整合。华源集团长期以来以短贷长投支撑其快速扩张，最终引发整个集团资金链的断裂。

华源集团事件的核心原因：（1）过度投资引发过度负债，投资项目收益率低、负债率高，说明华源集团战略决策的失误；（2）并购无重组、上市无整合，说明华源集团的投资管理控制失效；（3）华源集团下属公司因融资和业绩压力而财务造假，应当是受到管理层的驱使。

二、澳柯玛大股东资金占用问题

2006 年 4 月 14 日，澳柯玛发布重大事项公告：公司接到青岛人民政府国有资产监督管理委员会《关于青岛澳柯玛集团公司占用上市公司资金处置事项的决定》，青岛市人民政府将采取措施化解澳柯玛集团面临的困难。至此，澳柯玛危机事件公开化。

　　澳柯玛危机的最直接导火索，就是母公司澳柯玛集团公司挪用上市公司19.47亿元资金。澳柯玛集团利用大股东优势，占用上市子公司的资金，用于非关联性多元化投资（包括家用电器、锂电池、电动自行车、海洋生物、房地产、金融投资等），投资决策失误造成巨大损失。资金链断裂、巨额债务、高层变动、投资失误、多元化困局等众多因素，使得澳柯玛形势异常危急。

　　澳柯玛症结并非仅仅是多元化投资下的资金问题，关键问题还有自身的管理模式，即鲁群生近17年的家长式管理模式。鲁群生在特定环境中创业成功，然而在扩张中缺乏应有的风险意识，澳柯玛近亲繁殖任用干部现象是企业对市场缺乏应有的敏感度的表现。

　　扩张几乎是每个企业追求的目标。而同在青岛的三家家电集团却有不同的选择：海尔的扩张基于品牌战略；海信的扩张基于技术突围；而澳柯玛的扩张却选择了不相关多元化道路。

　　发散型的多元化扩张，不但没有让澳柯玛做大做强，反而使其一盘散沙。澳柯玛集团大量占用上市公司资金，用于其非相关多元化投资，然而频频发生的投资失败和管理不善，致使资金链断裂，把集团风险也转嫁给上市公司。应当说，造成澳柯玛危机的根本原因是管理层投资决策失误、投资监管不到位、管理能力不足的综合因素造成的。

第二章
新三板挂牌流程

第一节　制作申请材料

1. 全国中小企业股份转让系统挂牌申请文件内容与格式指引（试行）

第一条　为规范挂牌申请文件内容与格式，根据《非上市公众公司监督管理办法》（证监会令第 85 号）、《非上市公众公司监管指引第 2 号》（证监会公告〔2013〕2 号）、《全国中小企业股份转让系统业务规则（试行）》等规定，制定本指引。

第二条　股份公司（以下简称"申请挂牌公司"）申请股票在全国中小企业股份转让系统（以下简称"全国股份转让系统"）挂牌，应按照本指引的要求制作和报送申请文件。

第三条　本指引规定的申请文件目录是对挂牌申请文件的最低要求。根据审查需要，全国中小企业股份转让系统有限责任公司（以下简称"全国股份转让系统公司"）可以要求申请挂牌公司和相关中介机构补充文件。如部分文件对申请挂牌公司不适用，可不提供，但应书面说明。

申请挂牌同时股票发行的，应按照全国股份转让系统公司规定在挂牌申请文件中增加有关内容。

第四条　申请文件一经接收，非经全国股份转让系统公司同意，不得增加、撤回或更换。

第五条　申请时股东人数未超过 200 人的股份公司报送申请文件应提交原件一份，复印件两份；申请时股东人数超过 200 人的股份公司报送申请文件应提交原件一份（单行本）。每次报送书面文件的同时，应报送一份与书面文件一致的电子文件（WORD、EXCEL、PDF 及全国股份转让系统公司要求的其他文件格式）。

申请挂牌公司不能提供有关文件原件的，应由申请挂牌公司律师提供鉴证意见，或由出文单位盖章，以保证与原件一致。

第六条　申请文件所有需要签名处，均应为签名人亲笔签名，不得以名章、签名章等代替。

申请文件中需要由申请挂牌公司律师鉴证的文件，申请挂牌公司律师应在该文件首页注明"以下第××页至第××页与原件一致"，并签名和签署鉴证日期，律师事务所应在该文件首页加盖公章，并在第××页至第××页侧面以公章加盖骑缝章。

第七条　申请挂牌公司应根据全国股份转让系统公司对申请文件的反馈意见提供补充材料。相关中介机构应对反馈意见相关问题进行尽职调查或补充出具专业意见。对公开转让说明书修改或补充的，应进行标示。

第八条　申请文件的封面和侧面应标有"××公司股票挂牌申请文件"字样，扉页应标明申请挂牌公司法定代表人、信息披露事务负责人，主办券商主管领导、项目负责人，以及相关中介机构项目负责人姓名、电话、传真等联系方式。

第九条　申请文件章与章之间、章与节之间应有明显的分隔标识，文件中的页码应与目录中的页码相符。

第十条　申请文件应采用标准 A4 纸张双面印刷（需提供原件的历史文件除外）。

第十一条　未按本指引要求制作和报送申请文件的，全国股份转让系统公司不予接收。

第十二条　本指引由全国股份转让系统公司负责解释。

第十三条　本指引自发布之日起施行。

2. 全国中小企业股份转让系统公开转让说明书内容与格式指引（试行）

第一章　总　则

第一条　为规范公开转让股票的信息披露行为，保护投资者合法权益，根据《非上市公众公司监督管理办法》（证监会令第 85 号）、《非上市公众公司监管指引第 1 号》（证监会公告 ［2013］ 1 号）、《全国中小企业股份转让系统业务规则（试行）》等规定，制定本指引。

第二条　股东人数未超过 200 人的股份公司（以下简称申请挂牌公司）申请股票在全国中小企业股份转让系统（以下简称全国股份转让系统）挂牌，应按本指引编制公开转让说明书并披露。

第三条　本指引的规定是对公开转让说明书信息披露的最低要求。不论本指引是否有明确规定，凡对投资者投资决策有重大影响的信息，均应披露。

申请挂牌公司可根据自身及所属行业或业态特征，在本指引基础上增加有利于投资者判断和决策的相关内容。

本指引部分条款具体要求不适用的，申请挂牌公司可根据实际情况，在不影响内容完整性的前提下作适当调整，但应在申报时作书面说明；由于涉及特殊原因申请豁免披露的，应有充分依据，主办券商及律师应出具意见。

第四条　申请挂牌公司在公开转让说明书中披露的所有信息应真实、准确、完整，不得有虚假记载、误导性陈述或重大遗漏。

第五条　公开转让说明书的编制和披露应便于投资者理解和判断，符合下列一般要求：

（一）通俗易懂、言简意赅。要切合公司具体情况，用词要符合社会公众的认知习惯，对有特定含义的专业术语应作出释义。为避免重复，可采用相互引证的方法，对相关部分进行合理的技术处理。

（二）表述客观、逻辑清晰。不得有夸大性、广告性、诋毁性的词句。可采用图形、表格、图片等较为直观的方式进行披露。

（三）业务、产品（服务）、行业等方面的统计口径应前后一致。

（四）引用的数字采用阿拉伯数字，货币金额除特别说明外，指人民币金额，并以元、万元、亿元为单位。

　　第六条　申请挂牌公司编制公开转让说明书应准确引用有关中介机构的专业意见、报告和财务会计资料，并有充分的依据。

　　所引用的财务报表应由具有证券期货相关业务资格的会计师事务所审计，财务报表在其最近一期截止日后 6 个月内有效。特殊情况下申请挂牌公司可申请延长，但延长期至多不超过 1 个月。

　　第七条　申请挂牌公司应在全国股份转让系统指定信息披露平台披露公开转让说明书及其附件，并作提示性公告："本公司股票挂牌公开转让申请已经全国中小企业股份转让系统有限责任公司（以下简称全国股份转让系统公司）同意，中国证监会豁免核准，本公司的股票将在全国股份转让系统挂牌公开转让，公开转让说明书及附件披露于全国股份转让系统指定信息披露平台 www. neeq. com. cn 或 www. neeq. cc，供投资者查阅"。

　　第八条　公开转让说明书封面应标有"×××公司公开转让说明书"字样，扉页应载有如下声明：

　　"本公司及全体董事、监事、高级管理人员承诺公开转让说明书不存在虚假记载、误导性陈述或重大遗漏，并对其真实性、准确性、完整性承担个别和连带的法律责任。"

　　"本公司负责人和主管会计工作的负责人、会计机构负责人保证公开转让说明书中财务会计资料真实、完整。"

　　"全国股份转让系统公司对本公司股票公开转让所作的任何决定或意见，均不表明其对本公司股票的价值或投资者的收益作出实质性判断或者保证。任何与之相反的声明均属虚假不实陈述。"

　　"根据《证券法》的规定，本公司经营与收益的变化，由本公司自行负责，由此变化引致的投资风险，由投资者自行承担。"

　　申请挂牌公司应针对实际情况在公开转让说明书首页作"重大事项提示"，提醒投资者给予特别关注。

第二章　公开转让说明书

第一节　基本情况

第九条　申请挂牌公司应简要披露下列情况：公司名称、法定代表人、设立日期、注册资本、住所、邮编、董事会秘书或信息披露事务负责人、所属行业、主要业务、组织机构代码等。

第十条　申请挂牌公司应披露股票代码、股票简称、股票种类、每股面值、股票总量、挂牌日期，股东所持股份的限售安排及股东对所持股份自愿锁定的承诺。

第十一条　申请挂牌公司应披露公司股权结构图，并披露控股股东、实际控制人、前十名股东及持有5%以上股份股东的名称、持股数量及比例、股东性质、直接或间接持有的股份是否存在质押或其他争议事项的具体情况及股东之间关联关系。

申请挂牌公司应披露控股股东和实际控制人基本情况以及实际控制人最近两年内是否发生变化。

申请挂牌公司应简要披露设立以来股本的形成及其变化和重大资产重组情况。如果股权变化情况较复杂，可采用流程图、表格或其他形式梳理归并，并作为附件披露。

第十二条　申请挂牌公司应扼要披露董事、监事、高级管理人员的情况，主要包括：姓名、国籍及境外居留权、性别、年龄、学历、职称、现任职务及任期、职业经历。

第十三条　最近两年及一期的主要会计数据和财务指标简表，主要包括：营业收入、净利润、归属于申请挂牌公司股东的净利润、扣除非经常性损益后的净利润、归属于申请挂牌公司股东的扣除非经常性损益后的净利润、毛利率、净资产收益率、扣除非经常性损益后净资产收益率、应收账款周转率、存货周转率、基本每股收益、稀释每股收益、经营活动产生的现金流量净额、每股经营活动产生的现金流量净额、总资产、股东权益合计、归属于申请挂牌公司股东权益合计、每股净资产、归属于申请挂牌公司股东的每股净资产、资产负债率（以母公司报表为基础）、流动比率、速动比率。

除特别指出外，上述财务指标应以合并财务报表的数据为基础进行计算。相关指标的计算应执行中国证监会的有关规定。

第十四条　申请挂牌公司挂牌同时进行股票发行的，应披露拟发行股数、发行对象或范围、发行价格或区间、预计募集资金金额。同时，按照全国股份转让系统公司有关股票发行信息披露要求，在公开转让说明书"公司财务"后增加"股票发行"章节，披露相关信息。

第十五条　申请挂牌公司应披露下列机构的名称、法定代表人、住所、联系电话、传真，同时应披露有关经办人员（包括项目小组负责人、项目小组成员）的姓名：

（一）主办券商；

（二）律师事务所；

（三）会计师事务所；

（四）资产评估机构；

（五）证券登记结算机构；

（六）做市商（如有）；

（七）其他与公开转让有关的机构。

第二节　公司业务

第十六条　申请挂牌公司应披露主要业务、主要产品或服务及其用途。

第十七条　申请挂牌公司应结合内部组织结构（包括部门、生产车间、子公司、分公司等），披露主要生产或服务流程及方式（包括服务外包、外协生产等）。

第十八条　申请挂牌公司应遵循重要性原则披露与其业务相关的关键资源要素，包括：

（一）产品或服务所使用的主要技术。

（二）主要无形资产的取得方式和时间、实际使用情况、使用期限或保护期、最近一期末账面价值。

（三）取得的业务许可资格或资质情况。

（四）特许经营权（如有）的取得、期限、费用标准。

（五）主要生产设备等重要固定资产使用情况、成新率或尚可使用年限。

（六）员工情况，包括人数、结构等。其中核心技术（业务）人员应披露姓名、年龄、主要业务经历及职务、现任职务与任期及持有申请挂牌公司的股份情况。核心技术（业务）团队在近两年内发生重大变动的，应披露变动情况和原因。

（七）其他体现所属行业或业态特征的资源要素。

第十九条　申请挂牌公司应扼要披露与业务相关的情况，包括：

（一）报告期业务收入的主要构成及各期主要产品或服务的规模、销售收入。

（二）产品或服务的主要消费群体，报告期内各期向前五名客户的销售额及占当期销售总额的百分比。

（三）报告期内主要产品或服务的原材料、能源及供应情况，占成本的比重，报告期内各期向前五名供应商的采购额及占当期采购总额的百分比。

（四）报告期内对持续经营有重大影响的业务合同及履行情况。

第二十条　申请挂牌公司应归纳总结其商业模式，说明如何使用产品或服务、关键资源要素获取收入、利润及现金流。

第二十一条　申请挂牌公司应扼要披露其所处行业概况、市场规模及基本风险特征（如行业风险、市场风险、政策风险），并可分析公司在行业中的竞争地位。

第三节　公 司 治 理

第二十二条　申请挂牌公司应披露最近两年内股东大会、董事会、监事会的建立健全及运行情况，说明上述机构和人员履行职责的情况。

申请挂牌公司可结合股东结构、董事会及监事会构成等方面，说明投资者（如专业投资机构）参与公司治理以及职工代表监事履行责任的实际情况。

第二十三条　申请挂牌公司董事会应充分讨论现有公司治理机制能否给所有股东提供合适的保护以及能否保证股东充分行使知情权、参与权、质询权和表决权等权利，说明投资者关系管理、纠纷解决机制、累积投票制（如有）、独立董事制度（如有）、关联股东和董事回避制度（如有）以及与财务管理、风险控制相关的内部管理制度建设情况，并披露董事会对公司治理机制执行情况的评估结果。

第二十四条　申请挂牌公司应披露公司及其控股股东、实际控制人最近两年内是否存在违法违规及受处罚的情况。

第二十五条　申请挂牌公司应披露与控股股东、实际控制人及其控制的其他企业在业务、资产、人员、财务、机构方面的分开情况。

第二十六条　申请挂牌公司应披露是否存在与控股股东、实际控制人及其控制的其他企业从事相同、相似业务的情况。对存在相同、相似业务的，应对是否存在同业竞争做出合理解释。

申请挂牌公司应披露控股股东、实际控制人为避免同业竞争采取的措施及做出的承诺。

第二十七条　申请挂牌公司应披露最近两年内是否存在资金被控股股东、实际控制人及其控制的其他企业占用，或者为控股股东、实际控制人及其控制的其他企业提供担保，以及为防止股东及其关联方占用或者转移公司资金、资产及其他资源的行为发生所采取的具体安排。

第二十八条　申请挂牌公司董事、监事、高级管理人员存在下列情形的，应披露具体情况：

（一）本人及其直系亲属以任何方式直接或间接持有申请挂牌公司股份的。

（二）相互之间存在亲属关系的。

（三）与申请挂牌公司签订重要协议或做出重要承诺的。

（四）在其他单位兼职的。

（五）对外投资与申请挂牌公司存在利益冲突的。

（六）最近两年受到中国证监会行政处罚或者被采取证券市场禁入措施、受到全国股份转让系统公司公开谴责的。

（七）其他对申请挂牌公司持续经营有不利影响的情形。

第二十九条　申请挂牌公司董事、监事、高级管理人员在近两年内发生变动的，应披露变动情况和原因。

第四节 公司财务

第三十条 申请挂牌公司应按照《企业会计准则》的规定编制并披露最近两年及一期的财务报表，在所有重大方面公允反映公司财务状况、经营成果和现金流量，并由注册会计师出具无保留意见的审计报告。编制合并财务报表的，应同时披露合并财务报表和母公司财务报表。

申请挂牌公司应披露财务报表的编制基础、合并财务报表范围及变化情况。

第三十一条 申请挂牌公司应披露会计师事务所的审计意见类型。财务报表被出具带强调事项段的无保留审计意见的，应全文披露审计报告正文以及董事会、监事会和注册会计师对强调事项的详细说明。

第三十二条 申请挂牌公司应结合业务特点充分披露报告期内采用的主要会计政策、会计估计及其变更情况和对公司利润的影响。

申请挂牌公司的重大会计政策或会计估计与可比公司（如有）存在较大差异，或者按规定将要进行变更的，应分析重大会计政策或会计估计的差异或变更对公司利润产生的影响。

第三十三条 申请挂牌公司应对最近两年及一期的主要会计数据和财务指标进行比较，发生重大变化的应说明原因。

（一）根据业务特点披露各类收入的具体确认方法，以表格形式披露报告期内各期营业收入、利润、毛利率的主要构成及比例，按照产品（服务）类别及业务、地区分部列示，报告期内发生重大变化的应予以说明。

（二）披露报告期内各期主要费用（含研发）、占营业收入的比重和变化情况。

（三）披露报告期内各期重大投资收益情况、非经常性损益情况、适用的各项税收政策及缴纳的主要税种。

（四）披露报告期内各期末主要资产情况及重大变动分析，包括但不限于：

主要应收款项的账面余额、坏账准备、账面价值、账龄、各期末前五名情况；主要存货类别、账面余额、跌价准备、账面价值；主要固定资产类别、折旧年限、原价、累计折旧、净值；主要对外投资的投资期限、初始投资额、期末投资额及会计核算方法；主要无形资产的取得方式、初始金额、摊销方法、摊销年限、最近一期末的摊余价值及剩余摊销年限；主要资产减值准备的计提依据及计提情况。

（五）披露报告期内各期末主要负债情况。有逾期未偿还债项的，应说明其金额、未按期偿还的原因、预计还款期等。

（六）披露报告期内各期末股东权益情况，主要包括股本、资本公积、盈余公积、未分配利润及少数股东权益的情况。

如果在挂牌前实施限制性股票或股票期权等股权激励计划且尚未行权完毕的，应披露股权激励计划内容及实施情况、对资本公积和各期利润的影响。

第三十四条 申请挂牌公司应根据《公司法》和《企业会计准则》的相关规定披露关联方、关联关系、关联交易，并说明相应的决策权限、决策程序、定价机制、交易的合规性和公允性、减少和规范关联交易的具体安排等。

申请挂牌公司应根据交易的性质和频率，按照经常性和偶发性分类披露关联交易及其对财务状况和经营成果的影响。

如果董事、监事、高级管理人员、核心技术（业务）人员、主要关联方或持有公司5%以上股份股东在主要客户或供应商中占有权益的，应予以说明。

第三十五条 申请挂牌公司应扼要披露会计报表附注中的资产负债表日后事项、或有事项及其他重要事项，包括对持续经营可能产生较大影响的诉讼或仲裁、担保等事项。

第三十六条 申请挂牌公司在报告期内进行资产评估的，应简要披露资产评估情况。

第三十七条 申请挂牌公司应披露最近两年股利分配政策、实际股利分配情况以及公开转让后的股利分配政策。

第三十八条 申请挂牌公司应简要披露其控股子公司或纳入合并报表的其他企业的情况，主要包括注册资本、主要业务、股东构成及持股比例、最近一年及一期末的总资产、净资产、最近一年及一期的营业收入、净利润。

第三十九条 申请挂牌公司应遵循重要性原则，结合自身及所处行业实际情况，对可能影响公司持续经营的风险因素进行自我评估，重点披露特有风险，其中对持续经营有严重不利影响的风险应作"重大事项提示"。

鼓励申请挂牌公司建立以风险为导向的内部管理机制，提高识别和承受风险的能力，形成符合自身及所处行业特征的风险评估和管理体系。

第四十条 申请挂牌公司可披露公司经营目标和计划。如披露，应遵循诚信原则，并说明合理依据。

对可能导致经营目标和计划不能实现的重大不确定性因素，申请挂牌公司应做出有针对性和实质性的"重大事项提示"，提醒投资者审慎判断和决策。

第五节 有关声明

第四十一条 申请挂牌公司全体董事、监事、高级管理人员应在公开转让说明书正文的尾页签名，并由申请挂牌公司加盖公章。

第四十二条 主办券商应对公开转让说明书的真实性、准确性、完整性进行核查，并在公开转让说明书正文后声明：

"本公司已对公开转让说明书进行了核查，确认不存在虚假记载、误导性陈述或重大遗漏，并对其真实性、准确性和完整性承担相应的法律责任。"

声明应由法定代表人、项目负责人及项目小组成员签名，并由主办券商加盖公章。

第四十三条 为申请挂牌公司股票公开转让提供服务的机构应在公开转让说明书正文后声明：

"本机构及经办人员（经办律师、签字注册会计师、签字注册资产评估师）已阅读公开转让说明书，确认公开转让说明书与本机构出具的专业报告（法律意见书、审计报告、资产评估报告）无矛盾之处。本机构及经办人员对申请挂牌公司在公开转让说明书中引用的专业报告的内容无异议，确认公开转让说明书不致因上述内容而出现虚假记载、误导性陈述或重大遗漏，并对其真实性、准确性和完整性承担相应的法律责任。"

声明应由经办人员及所在机构负责人签名，并由机构加盖公章。

第六节 附 件

第四十四条 公开转让说明书结尾应列明附件，并在全国股份转让系统指定信息披露平台披露。附件应包括下列文件：

（一）主办券商推荐报告；

（二）财务报表及审计报告；

（三）法律意见书；

（四）公司章程；

（五）全国股份转让系统公司同意挂牌的审查意见；

（六）其他与公开转让有关的重要文件。

第三章 附 则

第四十五条 本指引由全国股份转让系统公司负责解释。

第四十六条 本指引自公布之日起施行。

3. 制作其他要求披露的文件

在企业新三板挂牌前要求披露的文件，除了公开转让说明书外，就是前述公开转让说明书作为附件的文件，主要包括财务报表及审计报告、法律意见书、公司章程、主办券商推荐报告、股票发行情况报告书（如有）。

一、财务报表及审计报告

财务报表及审计报告是由拟挂牌企业聘请的会计师事务所来出具，并且应当以会计师事务所最终出具的书面版本为准。

在准备过程中要特别注意财务报表中相关签字的齐备性，即在财务报表表格数据的下方通常要有法定代表人、主管会计工作负责人、会计机构负责人签字，不仅要有签名，通常还要盖上名章。

二、法律意见书

法律意见书由拟挂牌企业聘请的律师事务所来出具，主要包括首次申报时提交的法律意见书以及后续再审核过程中针对反馈问题、更新的情况出具的补充法律意见书。

在实务中，企业、主办券商、发行人律师应当对各自出具的文件的内容进行交叉复核，确保不同文件之间在事实和定性的描述方面保持一致。

三、公司章程

拟挂牌企业的公司章程通常由律师在公司进行股改的同时进行修订，具体条款内容除要符合《公司法》的基本要求外，还需要体现中国证监会《非上市公众公司监管指引第3号——章程必备条款》（证监会令〔2013〕3号）的要求。律师、主办券商对于拟挂牌企业的公司章程应当仔细阅读，并在确保满足上述指引要求的基础上，将一些可以由公司自行确定的章程条款提醒公司股东进行商定，如董事会具体的人数，高级管理人员的范围，紧急特殊情况下临时董事会提前通知的时间、方式及会议形式等。

四、主办券商推荐报告

主办券商的推荐报告是由主办券商撰写准备，其内容主要是简要描述对拟挂牌企业进行尽职调查的过程，以及主办券商内核部门对项目的审查意见。该推荐报告的核心内容则是"推荐意见"，即逐条针对拟挂牌公司是否符合进入全国中小企业股份转让系统的挂牌条件发表明确意见。此外，推荐报告还要对投资者需要关注的风险因素进行提示。

五、股票发行情况报告书（如有）

对于挂牌同时进行股票发行的挂牌企业需要披露股票发行情况报告书。该报告书主要根据中国证监会发布的《非上市公众公司信息披露内容与格式准则第3号——定向发行说明书和发行情况报告书》（证监会公告〔2013〕52号）和全国中小企业股份转让系统发布的《全国中小企业股份转让系统股票发行业务指引第2号——股票发行方案及发行情况报告书的内容与格式（试行）》（2013年12月30日修改）的规定内容来编制。内容主要包括：

1. 本次发行的基本情况：主要包括发行数量、发行价格、认购人、认购股票数量及相关股票限售安排等。

2. 发行前后相关情况对比：主要包括发行前后前十名股东持股数量、持股比例及股票限售等比较情况、股本结构、股东人数、资产结构、业务结构、公司控制权、董事、监事和高级管理人员持股的变动情况。

3. 主办券商关于本次定向发行过程、结果和发行对象合规性的结论意见。

4. 律师关于本次定向发行过程、结果和发行对象合规性的结论意见。

5. 公司全体董事、监事、高级管理人员的公开声明，即承诺本发行情况报告书不存在虚假记载、误导性陈述或重大遗漏，并对其真实性、准确性、完整性承担个别或连带的法律责任。

4. 准备不要求披露的文件

一、申请挂牌公司相关文件

1. 向全国股份转让系统公司提交的申请股票在全国股份转让系统挂牌及股票发行（如有）的报告。该文件采用公司出具红头文件的形式，按照全国股份转让系统公司提供的模板来进行编撰。主要内容涉及公司简介、股权结构及主要股东情况、主要业务、主要产品（服务）、最近两年及一期财务简表、申请挂牌的明确表述。

2. 有关股票在全国股份转让系统挂牌及股票发行（如有）的董事会决议。该董事会决议应当提供原件或经律师鉴证的复印件。

3. 有关股票在全国股份转让系统挂牌及股票发行（如有）的股东大会决议。该股东大会决议应当提供原件或经律师鉴证的复印件。

4. 企业法人营业执照。该文件需要提供最新有效的经律师鉴证的复印件。

5. 股东名册及股东身份证明文件。公司应当在股东名册上盖章，律师应当对股东身份证明文件的复印件进行鉴证。

6. 董事、监事、高级管理人员名单及持股情况。公司应当采取表格的形式列明董事、监事、高级管理人员名单及持股情况，并加盖公司公章。

7. 申请挂牌公司设立时和最近两年及一期的资产评估报告。公司应当提供设立时和最近两年及一期的资产评估报告的原件或经律师鉴证的复印件。

8. 申请挂牌公司最近两年原始财务报表与申报财务报表存在差异时，需要提供差异比较表。原始财务报表即为公司报送给税务局的财务报表，应当提供由主管税务机关盖章的原始财务报表或经律师鉴证的原始财务报表。对于差异情况，应当由发行人聘请的会计师出具《专项审核报告》，并对产生差异的原因进行详细的说明。

9. 申请挂牌公司全体董事、监事和高级管理人员签署的《董事（监事、高级管理人员）声明及承诺书》，该文件根据全国股份转让系统公司提供的模板文件签署即可，主要内容为："本人已对本次挂牌申请文件进行了审阅、核查，确认不存在虚假记载、误导性陈述或重大遗漏，并对其真实性、准确性和完整性承担相应的法律责任。"

二、主办券商相关文件

1. 主办券商与申请挂牌公司签订的推荐挂牌并持续督导协议

该文件根据全国股份转让系统提供的模板文件签署即可，主要内容是确定主办券商与挂牌企业在持续督导期间各自的权利义务以及合同违约、解除的特别约定等。

2. 尽职调查报告

该文件由主办券商的项目人员负责编制，主要是描述针对拟挂牌企业采取的尽职调查程序与方法、对拟挂牌企业是否符合发行条件的核查情况、对公司财务状况、持续经营能力、公司治理、合法合规等事项的尽职调查情况以及针对公司各项独立性情况发表的明确意见等。

3. 尽职调查工作文件

尽职调查工作文件是主办券商进行尽职调查工作过程及成果的"留痕"体现，是证明主办券商勤勉尽责的重要证据，作为申请材料提交的尽职调查工作文件主要包括：

（1）尽职调查工作底稿目录、相关工作记录和经归纳整理后的尽职调查工作表；

（2）有关税收优惠、财政补贴的依据性文件；

（3）历次验资报告；

（4）对持续经营有重大影响的业务合同。

4. 内核意见

内核意见是主办券商针对拟挂牌企业履行内核过程的相关文件，主要包括：

（1）内核机构成员审核工作底稿；

（2）内核会议记录；

（3）对内核会议反馈意见的回复；

（4）内核专员对内核会议落实情况的补充审核意见。

5. 主办券商推荐挂牌内部核查表及主办券商对申请挂牌公司风险评估表

该文件采取表格的形式，逐项考察主办券商项目人员是否针对拟挂牌公司通常出现的主要风险点进行了核查。主要包括股权结构、股份转让、股东出资、增资、资产权属、持续经营、异常交易、同业竞争、关联方及其交易、无形资产、财务状况、其他重大风险事项等，并结合实际情况给予风险等级的评价：高风险、中风险、低风险。

6. 主办券商自律说明书

该文件系主办券商对于自身、项目组成员与拟挂牌企业之间是否存在关联关系，是否持有拟挂牌企业股票的情况、是否勤勉尽责的描述和承诺。

7. 主办券商业务备案函复印件（加盖机构公章并说明用途）及项目小组成员任职资格说明文件。该文件为全国股份转让系统公司出具给主办券商从事推荐业务的备案函件以及对项目组成员是否具备相关业务资质的说明。

三、其他相关文件

1. 申请挂牌公司全体董事、主办券商及相关中介机构对申请文件真实性、准确性和完整性的承诺书。该文件系申请挂牌公司全体董事、主办券商及相关中介机构根据全国股份转让系统公司提供的模板签署的承诺书，主要是声明保证申请文件真实性、准确性和完整性。

2. 相关中介机构对纳入公开转让说明书等文件中由其出具的专业报告或意见无异议的函。该文件系中介机构出具，目的在于说明拟挂牌公司公开转让说明书中引用的中介机构的意见与其专业意见没有矛盾和冲突。

3. 申请挂牌公司、主办券商对电子文件与书面文件保持一致的声明。该文件系由申请挂牌公司、主办券商依据全国股份转让系统公司提供的模板签署的承诺书，以保证提交的电子文件与书面文件内容是完全一致的。

4. 律师、注册会计师及所在机构的相关执业证书复印件（加盖机构公章并说明用途）。该文件系由律师、注册会计师及所在机构提供的有关具备从事业务的合法资质证明。

5. 国有资产管理部门出具的国有股权设置批复文件及商务主管部门出具的外资股确认文件。如果拟挂牌企业系国有企业或外商投资企业，那么拟挂牌企业的国有股的设置和外资股的具体情况需要得到国资委（有的是财政部）以及商务部门（商务部、商务厅等）出具的确认文件。

6. 证券简称及证券代码申请书。该文件由拟挂牌企业按照全国股份转让系统公司提供的模板填写，系办理挂牌业务必须提交的文件之一。

5. 相关文件范本

一、全国中小企业股份转让系统挂牌申请文件（适用于申请时股东人数未超过200人）

目　　录

第一部分　要求披露的文件

第一章　公开转让说明书及推荐报告

1-1　公开转让说明书（申报稿）

1-2　财务报表及审计报告

1-3　法律意见书

1-4　公司章程

1-5　主办券商推荐报告

1-6　定向发行情况报告书（如有）

第二部分　不要求披露的文件

第二章　申请挂牌公司相关文件

2-1　向全国股份转让系统公司提交的申请股票在全国股份转让系统挂牌及定向发行（如有）的报告

2-2　有关股票在全国股份转让系统公开转让及定向发行（如有）的董事会决议

2-3　有关股票在全国股份转让系统公开转让及定向发行（如有）的股东大会决议

2-4　企业法人营业执照

2-5　股东名册及股东身份证明文件

2-6　董事、监事、高级管理人员名单及持股情况

2-7　申请挂牌公司设立时和最近两年及一期的资产评估报告

2-8　申请挂牌公司全体董事、监事和高级管理人员签署的《董事（监事、高级管理人员）声明及承诺书》

2-9　申请挂牌公司最近两年原始财务报表与申报财务报表存在差异时，需

要提供差异比较表

2－10 全部股票已经中国证券登记结算有限责任公司登记的证明文件（挂牌前提供）

2－11 申请挂牌公司全体董事、监事和高级管理人员签署的《董事（监事、高级管理人员）声明及承诺书》（挂牌前提供）

第三章 主办券商相关文件

3－1 主办券商与申请挂牌公司签订的推荐挂牌并持续督导协议

3－2 尽职调查报告

3－3 尽职调查工作文件

3－3－1 尽职调查工作底稿目录、相关工作记录和经归纳整理后的尽职调查工作表

3－3－2 有关税收优惠、财政补贴的依据性文件

3－3－3 历次验资报告

3－3－4 对持续经营有重大影响的业务合同

3－4 内核意见

3－4－1 内核机构成员审核工作底稿

3－4－2 内核会议记录

3－4－3 对内核会议反馈意见的回复

3－4－4 内核专员对内核会议落实情况的补充审核意见

3－5 主办券商推荐挂牌内部核查表及主办券商对申请挂牌公司风险评估表

3－6 主办券商自律说明书

3－7 主办券商业务备案函复印件（加盖机构公章并说明用途）及项目小组成员任职资格说明文件

第四章 其他相关文件

4－1 申请挂牌公司全体董事、主办券商及相关中介机构对申请文件真实性、准确性和完整性的承诺书

4－2 相关中介机构对纳入公开转让说明书等文件中由其出具的专业报告或意见无异议的函

4－3 申请挂牌公司、主办券商对电子文件与书面文件保持一致的声明

4-4 律师、注册会计师及所在机构的相关执业证书复印件（加盖机构公章并说明用途）

4-5 国有资产管理部门出具的国有股权设置批复文件及商务主管部门出具的外资股确认文件

4-6 证券简称及证券代码申请书

二、股份公开转让说明书

目　　录

员、财务、机构方面的分开情况

四、同业竞争情况

五、资金占用及担保情况

六、公司董事、监事、高级管理人员情况

七、公司董事、监事、高级管理人员最近二年变动情况及原因

第四节　公司财务会计信息

一、最近两年及一期的审计意见、主要财务报表

二、主要会计政策、会计估计及其变更情况、对公司利润的影响

三、最近两年一期会计数据和财务指标的有关情况

四、最近两年主要资产情况

五、最近两年及一期重大债务情况

六、最近两年及一期股东权益情况

七、关联方、关联方关系及关联交易

八、需提醒投资者关注财务报表附注中的期后事项、或有事项及其他重要事项

九、资产评估情况

十、股利分配政策和最近两年分配情况

十一、合并财务报表

十二、风险因素自我评估

第五节　有关声明

第六节　附件

三、新三板挂牌公司股票发行法律意见书范本

关于×××股份有限公司股票发行合法合规的法律意见书

一、公司是否符合豁免向中国证监会申请核准股票发行的条件

《非上市公众公司监督管理办法》第四十五条："在全国中小企业股份转让系统挂牌公开转让股票的公众公司向特定对象发行股票后股东累计不超过200人的，中国证监会豁免核准，由全国中小企业股份转让系统自律管理，但发行对象应当符合本办法第三十九条的规定。"

公司本次发行前股东为_____名，其中包括自然人股东_____名、法人股东_____名、合伙企业股东_____名等；公司本次发行后股东为_____名，其中包括自然人股东_____名、法人股东_____名、合伙企业股东_____名等股东人数累计未超过 200 人。

（其他需要披露的内容）：

综上，本所律师认为，×××股份有限公司本次股票发行后累计股东人数未超过 200 人，符合《非上市公众公司监督管理办法》中关于豁免向中国证监会申请核准定向发行的条件。

（若有相反情况，请另行说明）：

二、发行对象是否符合中国证监会及全国股份转让系统公司关于投资者适当性制度的有关规定

根据《非上市公众公司监督管理办法》第三十九条规定："本办法所称股票发行包括向特定对象发行股票导致股东累计超过 200 人，以及股东人数超过 200 人的公众公司向特定对象发行股票两种情形。

前款所称特定对象的范围包括下列机构或者自然人：

（一）公司股东；

（二）公司的董事、监事、高级管理人员、核心员工；

（三）符合投资者适当性管理规定的自然人投资者、法人投资者及其他经济组织。

公司确定发行对象时，符合本条第二款第（二）项、第（三）项规定的投资者合计不得超过 35 名。"

根据《全国中小企业股份转让系统投资者适当性管理细则》第六条规定："下列投资者可以参与挂牌公司股票发行：

（一）《非上市公众公司监督管理办法》第三十九条规定的投资者；

（二）符合参与挂牌公司股票公开转让条件的投资者。"

根据《全国中小企业股份转让系统投资者适当性管理细则》第三条规定："下列机构投资者可以申请参与挂牌公司股票公开转让：

（一）注册资本 500 万元人民币以上的法人机构；

（二）实缴出资总额 500 万元人民币以上的合伙企业。"

根据《全国中小企业股份转让系统投资者适当性管理细则》第五条规定："同时符合下列条件的自然人投资者可以申请参与挂牌公司股票公开转让：

（一）投资者本人名下前一交易日日终证券类资产市值500万元人民币以上。证券类资产包括客户交易结算资金、在沪深交易所和全国股份转让系统挂牌的股票、基金、债券、券商集合理财产品等，信用证券账户资产除外。

（二）具有两年以上证券投资经验，或具有会计、金融、投资、财经等相关专业背景或培训经历。

投资经验的起算时点为投资者本人名下账户在全国股份转让系统、上海证券交易所或深圳证券交易所发生首笔股票交易之日。"

本次股票发行对象的基本情况及符合投资者适当性规定的说明（具体解释）：

综上，本所律师认为，发行人的本次发行对象符合中国证监会及全国股份转让系统公司关于投资者适当性制度的有关规定。

（若有相反情况，请另行说明）：

三、发行过程及结果合法合规性的说明，包括但不限于董事会、股东大会议事程序是否合规，是否执行了公司章程规定的表决权回避制度，发行结果是否合法有效等

本次股票发行的过程：

董事会审议程序及回避表决情况（如有）：

股东大会审议程序及回避表决情况（如有）：

缴款及验资的相关情况：

（若有其他说明，请补充披露）：

综上，本所律师认为，发行人董事会、股东大会的召开程序、表决方式符合国家有关法律、法规及公司章程的规定，审议表决结果合法有效。发行认购对象的股票认购款经具有证券期货相关业务资格的会计师事务所验资确认均已缴纳，发行人的本次股票发行结果合法有效。

（若有相反情况，请另行说明）：

四、与本次股票发行相关的合同等法律文件是否合法合规

本次股票发行中签订的《股份认购合同》，合同当事人主体资格均合法有效，当事人意思表示真实、自愿，且合同内容不违反法律、法规的强制性规定和社会

公共利益，其协议合法有效。《股份认购合同》主要内容对发认购股份数量、认购方式、支付方式、生效条件、违约责任、风险揭示及争议解决方式等作了约定，其约定合法有效。根据股份认购合同及股票发行方案，本次股票发行的新增股份全部由投资者以现金方式认购，不存在以非现金资产认购发行股份的情形。

（其他需要披露的内容）：

综上，本所律师认为，发行人与本次发行对象签署的《股份认购合同》系各方真实意思表示，内容真实有效，与本次股票发行相关的合同等法律文件合法合规，对发行人及发行对象具有法律约束力。

（若有相反情况，请另行说明）：

五、安排现有股东优先认购的，应当对优先认购的相关程序及认购结果进行说明；依据公司章程排除适用的，也应当对相关情况进行说明

本次股票发行现有股东优先认购安排：

（若有相反情况，请另行说明）：

综上，本所律师认为，本次股票发行现有股东优先认购的相关程序和结果合法合规。

六、本次股票发行涉及的估值调整条款的合法性（如有）

七、非现金资产认购的情况说明（如有）

（披露内容包括但不限于：应当说明资产评估程序是否合法合规，是否存在资产权属不清或者其他妨碍权属转移的法律风险；标的资产尚未取得完备权属证书的，应说明取得权属证书是否存在法律障碍；以非现金资产认购发行股份涉及需呈报有关主管部门批准的，应说明是否已获得有效批准；资产相关业务需要取得许可资格或资质的，应说明是否具备相关许可资格或资质）：

八、律师关于股票认购对象及挂牌公司现有股东中存在私募投资基金管理人或私募投资基金，及其是否按照相关规定履行了登记备案程序的说明

九、律师认为需要说明的其他问题

负责人签字：

————

经办律师签字：

————

×××律师事务所（加盖公章）

××年××月××日

四、证券简称及证券代码申请书范本

×××股份有限公司股票证券简称及证券代码申请书

全国中小企业股份转让系统有限责任公司：

经贵公司同意，我公司股票拟在全国中小企业股份转让系统挂牌公开转让。特向贵公司申请证券简称及证券代码，挂牌公开转让的证券简称拟定为×××。

请予核定。

经办人签名：

联系电话：

传真：

×××股份有限公司

（公章）

年　　　月　　　日

第二节　挂牌总体流程

1. 在公司内部成立新三板挂牌领导小组

在新三板挂牌过程中，公司应该成立挂牌领导小组，由董事长或总经理担任组长，还要选定不同事务的负责人，包括专门协助中介机构在法律业务方面进行尽职调查工作的负责人（负责人可以是董事长秘书以及生产、运营、管理方面的主管）；专门协助中介机构进行审计和财务方面相关尽职调查工作的负责人（负责人通常为公司的财务总监）；专门协调各类政府关系的负责人。上述负责人可以是一人担任，也可多人担任，不过由于财务总监在财务和审计的尽职调查配合工作方面，需要投入大量精力，因此不建议财务总监担任其他事务的负责人。

2. 与中介机构签订协议并开展全面尽职调查工作

企业选定中介机构后，应该与其签订协议，明确各方权利和义务。接着中介机构向企业提出尽职调查的相关清单，并建立起一个完整的资料库，对提供中介机构的所有文件进行存档。这样就方便资料的备份，也可以为衡量中介机构是否勤勉尽责提供依据，以便在对外报送披露文件出现问题时分清责任。

此外，公司为中介机构提供资料时，要安排相关事项负责人进行审批，以确保提供材料的真实、准确和完整性，也确保信息披露的真实和准确。

3. 规范公司治理、财务内控机制、解决各类问题

新三板想要顺利挂牌，一定会努力完善自身的治理、财务内控制度，而中介机构通过尽职调查，也可以了解公司的治理、业务、财务、资产状况，从而逐步帮助公司规范治理、完善财务内控、发现并解决各类问题，有助于帮助企业顺利登陆新三板。

4. 通过股份制改造成立股份公司

企业如果想要进入资本市场，或者说想要上市，那么就有必要进行股份制改造，将原来的有限责任公司转变为股份有限公司，从而迎合资本市场的需求，为企业进入资本市场奠定基础。

依据《公司登记管理条例》第 21 条规定："设立股份有限公司应当由董事会向公司登记机关申请设立登记。以募集方式设立股份有限公司的，应当于创立大会结束后 30 日内向登记机关申请设立登记。"

改制的过程包括遴选中介机构；召开两会，通过股改决议并成立改制小组或改制机构；中介机构尽职调查；股改方案提交股东会审议通过，全体股东，制定并签署发起人协议；审计与资产评估；制作改制文件；办理注资及验资手续；召开创立大会；办理工商登记或变更手续。

5. 向全国中小企业股份转让系统公司提交挂牌文件，并接收反馈意见

企业在新三板挂牌，需要制作申请文件，企业和中介机构都要认真对待，

毕竟申请文件一经接收，就不能随意撤销和更改，如果存在瑕疵或者披露信息不符合"真实、准确、完整"的要求，可能会造成挂牌失败，企业和相关负责人也会受到政府主管部门的处罚，企业形象会受损，这对日后的资本运作非常不利。

主办券商的项目人员将公司的介绍信和制作好的申请文件一并上交到全国股份转让系统公司，全国股份转让系统公司会派专人对申请材料进行审阅，接受符合条件的材料并出具材料受理的证明，对于不符合条件的材料，则会指出其中的问题，等到问题完善修改后再提交。全国股份转让系统公司受理材料后对其有关财务以及非财务方面进行审查，并将反馈意见发给主办券商。主办券商和其他中介机构根据反馈意见提出的问题进行补充核查，起草回复文件，修订申请文件，这种反馈通常都会有好几轮。

6. 股东人数超过 200 人时，中国证监会出具核准文件

股票股东人数未超过 200 人的股份有限公司，或者挂牌公司向特定对象发行证券后证券持有人累计不超过 200 人的，全国股份转让系统公司受理相关材料并进行审查即可。股东人数超过 200 人的股份有限公司，申请挂牌新三板需要向中国证监会提出申请，得到核准后，可以按照本业务规则的规定向全国股份转让系统公司申请挂牌。

7. 挂牌前的信息披露以及初始股份登记手续

得到全国股份转让系统公司同意挂牌的通知后，挂牌企业及主办券商需要向全国股份转让系统公司报送申请挂牌文件与《证券简称和代码申请书》，以便取得证券简称和代码；根据全国股份转让系统公司发送的《缴费通知单》来缴纳挂牌初费和当年年费，并领取相关的文件（在服务窗口领取全国股份转让系统公司出具的同意挂牌的函；在财务管理部领取缴费发票；在挂牌企业部领取《关于证券简称及证券代码的通知》，提交《信息披露业务流转表》《主办券商办理股份公司股票挂牌进度计划表》；在公司业务部领取《股票初始登记明细表》）。

同时，应当办理信息披露及股份初始登记，信息披露包括挂牌前首次信息

披露、股份初始登记和挂牌前第二次信息披露。取得证券简称和代码的当日，申请挂牌公司及主办券商向深圳证券信息公司报送首次信息披露文件，第二个工作日或之前，相关文件在全国股份转让系统指定信息披露平台披露。

申请挂牌公司和主办券商在取得证券简称和代码的第二个工作日之前前往中国证券登记结算有限公司北京分公司办理股份初始登记，内容包括主办券商协助申请挂牌公司股东开立账户；申请挂牌公司与中国结算北京分公司签署《股份登记及服务协议》；申请挂牌公司向中国结算北京分公司提交《股份申请登记书》；中国结算北京分公司出具《股份登记确认书》。

申请挂牌公司及主办券商取得《股份登记确认书》后，向全国股份转让系统公司挂牌业务部报送《股份登记确认书》《股票公开转让记录表》《信息披露业务流转表》等文件的原件或扫描件、传真件，确定挂牌日期，办理挂牌前第二次信息披露事宜。申请挂牌企业及主办券商在 T－2（交易日前 2）日或之前，报送信息披露文件，T－1（交易日前 1）日或之前，在全国股份转让系统指定信息披露平台予以披露。披露文件包括《关于公司股票将在全国股份转让系统挂牌公开转让的提示性公告》《关于公司挂牌同时发行的股票将在全国股份转让系统挂牌公开转让的公告》等。

8. 挂牌后履行持续信息披露义务

依据《全国中小企业股份转让系统挂牌公司信息披露细则（试行）》《全国中小企业股份转让系统业务规则（试行）》《非上市公众公司监督管理办法》（证监会令第 85 号，2013 年 12 月 26 日第 96 号令修订）《非上市公众公司监管指引第 1 号》等文件的相关规定，新三板挂牌企业挂牌后应当履行持续的信息披露义务，包括定期报告和临时报告，而定期报告又包括年度报告、半年度报告，鼓励但不强制要求披露季度报告。临时报告主要是指在定期报告之外，挂牌企业对外披露的有关公司的重大事项的公告。

9. 本节相关案例

一、集群物联网关于成立物联网公司"新三板"挂牌工作领导小组的通知

集团公司各部门、各子公司：

根据上市辅导组要求，集团公司下属子公司陕西集群物联网服务管理有限公司（以下简称"物联网公司"）已被列入拟在"新三板"挂牌上市资源库名单。为深入贯彻落实集团公司战略目标，加快推进公司发展，推动物联网公司在"新三板"挂牌成功，经研究，决定成立物联网公司"新三板"挂牌工作领导小组，现将有关事宜通知如下：

一、工作领导小组成员

组　　长：×××

副组长：×××

组　　员：×××等

领导小组下设办公室，办公室设在物联网公司，工作人员由物联网公司抽调人员组成。

二、工作职责

工作小组在上市辅导组的领导下全面以物联网公司拟在"新三板"挂牌为既定目标，有效开发公司资源，争取相关政策支持，负责统筹整个挂牌工作的推进，就有关重大问题作出决策部署，确保"新三板"挂牌工作快速、顺利进行。

三、工作要求

（一）负责物联网公司挂牌工作中重大问题的决策，协调相关政府部门、职能监管机构，以及国内行业主管部门给予政策支持。完成"新三板"挂牌法定程序规定的动作。

（二）工作小组的全体成员要充分认识到物联网公司"新三板"挂牌，对于集团公司改革创新发展的重要性，做到思想上重视，工作上务实。建立工作调度例会制度，原则上由董事长每月组织召开一次，通报工作开展情况及下一步工作安排。

（三）健全工作协调机制，齐抓共管，形成合力。公司各部门、各子公司要积极为挂牌工作开辟绿色通道，确保物联网公司能够在全国股份转让中心申请挂牌受理。

（四）严格按照物联网公司上市工作时间表，推进各项工作的开展，领导小组成员要按照工作分工，各司其职，对待每一项工作要研究制定推进工作的具体措施。凡已确定的工作项目与进度必须按时保质完成，公司将此作为领导小组成员及物联网公司目标考核工作。

二、三合盛股东实物出资属实，但未履行评估程序

山西三合盛节能环保技术股份有限公司前身三和盛商贸有限公司成立于1996年4月22日，主要业务为贸易。公司设立时的实物出资为石棉瓦38万元、钢筋12.10万元，出资的物资主要用于销售，与公司经营相关。销售方提供了正式销售发票。但由于当时发票开具不正规，发票未注明数量，只有金额。上述出资均为新购物资，购入日期分别为1996年2月29日、3月1日，新购物资于1996年3月1日投入公司。1996年4月2日，山西博友会计师事务所出具了晋博验字（1996）第75号《验资报告》，验证截至1996年3月1日，上述出资的所有资产已全部到位。上述实物资产入账时间为正式建账日期1996年6月。公司从1996年至1998年陆续销售该批物资，其中：1996年销售1.94万元，1997年销售14.82万元，1998年销售34.00万元。股东出资的物资均为新购物资，价值不存在减值或增值的情形，故未履行评估手续。

申报律师核查了公司实物出资的原始发票及公司账簿、报表、记账凭证，均有相关股东实物出资的记录。根据当时有效的《公司法》第24条第1款的规定，公司实物比例（100%）符合要求，虽未履行评估手续，但有限公司在办理工商登记时，山西省工商行政管理局未提出异议。

2014年6月10日，控股股东、实际控制人朱锦萍出具《关于有限公司设立及第一次增资情况的说明》，确认公司设立时三位股东以价值50万元的石棉瓦、钢筋等实物出资。2014年6月10日，控股股东、实际控制人朱锦萍出具《声明与承诺》：公司设立及历次增资均已实际足额履行相应出资义务，如因设立及历次增资存在瑕疵或问题造成损失，本人将承担全部责任。

申报律师核查后认为，公司实物出资属实、无权属瑕疵，实物出资比例符合当时《公司法》的规定，不存在损害公司利益的情形。公司实物出资程序不符合当时《公司法》的规定，存在程序上的瑕疵，但从实际情况看，对公司财务不产生影响，符合公司设立的实质条件。而且，公司针对前述情形采取的规范措施有效，有限公司设立时股东所出资实物未评估的历史问题不会对本次公司股票挂牌并公开转让造成实质性障碍。

三、蓝天环保如何处理无发票、资产未入账的问题

北京蓝天瑞德环保技术股份有限公司（简称"蓝天环保"，股票代码430263），前身是北京蓝天格瑞恩环保工程技术有限公司，成立于2001年4月3日，2012年4月20日整体改制为股份有限公司，2013年7月22日以7331万元注册资本挂牌新三板。

蓝天环保主要从事热力产品供应、供暖设备建筑安装、供暖设备代理销售、供暖设备审计维修等业务。

2008年9月，公司在与金隅嘉业房地产公司洽谈供暖运营项目期间，了解到金隅集团下属的北京金海燕物业管理有限公司拟处置部分锅炉资产，因对方无法提供发票，故公司总经理潘忠以个人名义出资购买并投入公司使用。由于公司当时会计核算欠规范，对此次由潘忠购入并投入公司使用的锅炉设备未作任何账务处理。

2012年9月，公司在筹备股票在全国中小企业股份转让系统挂牌事宜过程中，相关中介机构对公司固定资产进行盘点时发现了该公司账实不符问题。经讨论协商，决定聘请专业评估机构进行评估后由公司向潘忠购买该资产。

2012年10月15日公司第一届董事会第四次会议和2012年10月31日公司2012年第四次临时股东大会通过的决议，同意向股东潘忠购买锅炉等相关设备，交易价格以评估值为准。根据北京正和国际资产评估有限公司2012年12月7日出具的正和国际评报字（2012）第379号《资产评估报告》，上述锅炉设备的评估价值为139.36万元。

公司与股东潘忠的上述设备买卖已按照《公司章程》等内部制度履行了必要的决策程序；交易价格依据评估价值确定，价格公允，不存在损害公司及其他股东利益的情况。

四、奥凯立如何处理股东人数超过200人的问题

北京奥凯立科技发展股份有限公司（简称"奥凯立"，股票代码430226），成立于2001年3月22日，2009年9月7日整体改制为股份有限公司，2013年7月5日以3170万元注册资本挂牌新三板。

公司的主营业务是经营本企业和成员企业自产产品及技术出口业务；本企业和成员企业生产所需的原辅材料、仪器仪表、机械设备、零配件及技术的进

口业务（国家限定公司经营和国家禁止进出口的商品除外）；经营进料加工和"三来一补"业务。

为调动员工的工作积极性和提高员工的经济收益，卫辉化工（发行人的子公司）曾经借鉴国外的管理经验，实行全体员工参股的激励方式，出现了股东人数超过 200 人的情况，这种做法在当时特定历史背景下曾产生积极的效果，但不符合《公司法》的规定。

为解决上述问题，2008 年 12 月 31 日，任新民等 212 名自然人股东将其持有的卫辉化工共计 12.84% 的股权全部自愿转让给耿强，转让方与受让方经协商一致签订了《股权转让协议及委托书》，同时转让方承诺该《股权转让协议及委托书》真实有效，若发生纠纷，由转让方 212 名自然人承担责任。除此之外，公司控股股东及实际控制人卢甲举亦承诺，如卫辉化工历史沿革中所涉及的股东对卫辉化工股权提出任何异议及由此导致的任何纠纷均由其承担，负全部责任。

第三章
新三板的资本运作

第一节 定 向 融 资

1. 新三板的定向发行及流程

新三板的定向发行是指申请挂牌公司、挂牌公司向特定对象发行股票的行为。其作为新三板股权融资的主要功能，对解决新三板挂牌企业发展过程中的资金瓶颈发挥了极为重要的作用。

中国证监会使用"定向增发"或"定向发行"的称谓，而全国股份转让系统公司更习惯用"股票发行"来替代"定向增发"或"定向发行"。因此在很多文件描述中，会出现不同的称谓，但都是同一个概念，全国股份转让系统公司提出的新称谓，在某种程度上准确反映了目前状况下新三板的发行制度，也对新三板未来的发展有一定的暗示和引导作用。

新三板的定向发行流程包括 5 个步骤：

1. 确定发行对象，签订认购协议。
2. 董事会就定增方案作出决议，提交股东大会通过。
3. 证监会审核并核准。
4. 储架发行，发行后向证监会备案。
5. 披露发行情况报告书。

2. 定向发行过程中需要哪些申请文件

挂牌公司应按照中国证监会有关规定制作定向发行的申请文件，公司持申请文件向中国证监会申请核准。申请文件应该包括但不限于以下文件：

1. 定向发行说明书。

2. 律师事务所出具的法律意见书。

3. 具有证券期货相关业务资格的会计师事务所出具的审计报告。

4. 证券公司出具的推荐文件。

5. 公司及其董事、监事、高级管理人员对定向发行说明书、发行情况报告书签署书面确认意见。

需要注意的是：

1. 定向发行情况报告书应披露律师事务所出具法律意见书中关于本次发行过程、结果和发行对象合法合规的意见，主要内容包括：挂牌公司是否符合申请核准定向发行的情况、发行对象是否符合投资者适当性要求、发行过程及结果是否合法合规、发行相关合同等法律文件是否合规的说明、是否保障现有股东的优先认购权、资产是否存在法律瑕疵以及律师认为必须披露的其他事项。

2. 根据《非上市公众公司监督管理办法》《全国中小企业股份转让系统关于定向发行情况报告书必备内容的规定》本次定向发行过程中如果律师已尽勤勉责任，仍不能对上述问题发表肯定性意见，应发表保留意见，说明相应的理由以及可能对发行造成的影响。

3. 定向发行过程中，律师事务所法律意见书的主要内容

该意见书应披露律师事务所关于本次发行过程、结果和发行对象合法合规的意见，主要内容包括以下几个方面：

1. 挂牌公司是否符合申请核准定向发行的情况。

2. 发行对象是否符合投资者适当性要求。

3. 发行过程及结果的合法合规性。

4. 发行相关合同等法律文件合规性的说明。

5. 是否保障现有股东优先认购权。

6. 资产是否存在法律瑕疵。

7. 律师认为需披露的其他事项。

另外，还需注意的是：根据《非上市公众公司监督管理办法》《全国中小企业股份转让系统关于定向发行情况报告书必备内容的规定》的规定，本次定向发行过程中如果律师已尽勤勉责任仍不能对上述问题发表肯定性意见的，应当发表保留意见，并说明相应的理由及其对本次定向发行的影响程度。

4. 新三板的储架发行制度

储架发行制度是指一次核准，多次发行的再融资制度。该制度源于美国，是一项关于公众公司再融资行为的特殊流程规定，随着市场的发展而不断完善，已被越来越多的国家和地区采用。我国新三板的储架发行制度主要适用于定向增资需要经中国证监会核准的情形，目的是减少行政审批次数，提高融资效率，赋予挂牌公司更大的自主发行融资权利。

《非上市公众公司监督管理办法》第 44 条规定："公司申请定向发行股票，可申请一次核准，分期发行。自中国证监会予以核准之日起，公司应当在 3 个月内首期发行，剩余数量应当在 12 个月内发行完毕。超过核准文件限定的有效期未发行的，需重新经中国证监会核准后方可发行，首期发行数量应当不少于总发行数量的 50%，剩余各期发行的数量由公司自行确定，每期发行后 5 个工作日内将发行情况报中国证监会备案。"

储架发行制度可在一次核准的情况下为挂牌公司一年内的融资留出空间，而且除了能为挂牌公司节约大量的时间和成本外，还可以避免挂牌公司一次融资额度过大，造成股权过度稀释或资金使用效率低下的问题。

5. 本节相关案例

一、北京时代开创定向增发的先河

2006 年 3 月，北京时代（股票代码 430003）为了响应政府"先试先行"的号召，正式挂牌新三板，成为第三个参与新三板试点的企业。不久之后，公司率先想到了定向增发的点子，在得到证监会、证券业协会、深交所等相关机构的支持后，进行了第一次定向融资，参与认购的机构投资者包括紫光服务、联想控股、中国大恒、成都创投、上海天晟。由于没有定向增发的先例，北京时代在操作过程中遇到了很多困难，但最终还是以 18 倍的市盈率，向特定对象募集资金 5000 万元。

第一次定向增发使得北京时代成功融资，于是 2008 年公司进行了第二次融资。由于受到全球金融危机的影响，当时的资本市场并不景气，而北京时代的这一次定向增发在一定程度上有效激活了资本市场。

作为定向增发的开创者，北京时代为整个新三板市场开了一个好头，而且也为自身的发展注入了更多的资金。而北京时代之所以能够通过定向增发获得大量融资，原因在于新三板提升了公司的知名度，因此能够吸引更多优质的战略投资机构参与进来。此外，北京时代挂牌新三板和进行定向增发实际上正处于整个市场的摸索过程中，政府和相关机构也给予了大力支持，为公司挂牌新三板尽可能创造更多有利的条件。

二、众合医药巨亏千万仍定向融资 1.2 亿元

2014 年 1 月 24 日，众合医药（股票代码 430598）正式挂牌新三板，同年 2 月 14 日发布 2013 年年报。根据年报显示，2013 年公司实现营业收入 339.42 万元，净利润却亏损了 1063.54 万元，折合起来，每股的收益竟然是 -0.23 元。不仅如此，2011 年和 2012 年，公司也分别亏损了 13.51 万元和 1215.77 万元。

在面临持续亏损的情况下，公司决定实施增发计划，以不低于每股 9.39 元的价格发行不超过 1277.9 万股。除了在册的 9 名股东参与本次发行股票的认购之外，上海宝盈资产管理有限公司、江苏瑞华投资控股集团、四川华朴现代农业科技有限公司这三家机构投资者，以及另外 17 名个人投资者参与认购。这一次定向增发募集了 1.2 亿元资金，具体将用于药品临床研究、苏州众合产业化基地建设等。

众合医药之所以在亏损的状态下获得 1.2 亿元的巨额融资，主要原因有两个方面：首先是新三板为其提供了一个很好的融资平台，确保公司能够获得足够的融资。其次在于众合医药本身有 6 项在研项目的市场前景非常被看好，虽然生物制药产品研发周期长，投入大，是一个高风险项目，一旦失败，就会面临巨额亏损，不过量产后的利润丰厚，收益巨大，这是吸引投资者参与认购股票的最大动力。

三、九恒星通过定向增资实现并购

2010 年 11 月，新三板挂牌企业北京九恒星科技股份有限公司（股票代码430051）以每股 1.73 元的价格定向发行 450 万股，收购深圳市思凯科技开发有限公司 100% 股权，思凯科技最终成为九恒星 100% 控股的全资子公司。

并购使得九恒星能够有效利用思凯科技的业务资源，从而快速提升市场占有率。增强了公司的整体实力和竞争力，也为公司创造了新的盈利增长点，进一步推动了公司主营业务的发展。

并购整合包括资产剥离、资产重组，还有相关人员的安排，这是一个非常复杂的过程，管理实务性非常强，很多企业常常难以把握。而九恒星之所以能够获得成功，是因为它很好地依托了新三板的优势，通过定向发行的方式，借助外来资金完成了对思凯科技的全面并购，这次的资本运作非常出色。

第二节　并购战略

1. 企业并购的形式划分

企业的并购形式多种多样，不同的角度有着不同的分类方法。

一、从行业角度划分

1. 横向并购，是指同属于一个产业或行业，或产品处于同一市场的企业之间发生的并购行为。这种并购形式有助于扩大同类产品的生产规模、降低生产成本、消除竞争、提高市场占有率，以增强企业的竞争力和营业能力。

2. 纵向并购，是指生产过程或经营环节紧密相关的企业之间的并购行为。纵向并购能够有效加速生产流程、缩短生产周期、节约运输和仓储费用。

3. 混合并购，是指生产和经营彼此没有关联的产品或服务的企业之间的并购行为，这种并购形式可以降低一个企业长期从事一个行业所带来的经营风险。还可以充分利用企业的技术、原材料等各种资源，提高企业的市场适应能力。

二、从付款方式划分

1. 现金购买资产，是指并购公司为了控制目标公司，使用现款购买目标公司绝大部分资产或全部资产的行为。

2. 现金购买股份，是指并购公司为了实现对目标公司的控制，以现金购买目标公司的大部分或者全部股份。

3. 股票购买资产，是指并购公司向目标公司发行并购公司自己的股票以交换目标公司的大部分或全部资产。

4. 股票交换股权，并购公司直接向目标公司的股东发行股票以交换目标公司的大部分或全部股权，通常应该达到控股的股权比例，而目标公司往往会成为并购公司的子公司。

5. 债权转股权，是指最大债权人在企业无力归还债务时，将债权转为投资，从而取得企业的控制权。中国金融资产管理公司控制的企业大部分为债转股而来，资产管理公司进行阶段性持股，并最终将持有的股权转让变现。

6. 间接控股，是指战略投资者通过直接并购上市公司的第一大股东来间接获得上市公司的控制权。

7. 承债式并购，是指并购企业以全部承担目标企业债权债务的方式获得目标企业控制权。并购企业通过收购，可以为那些资不抵债的目标企业注入流动资产或优质资产，使企业扭亏为盈。

8. 无偿划拨，是指地方政府或主管部门作为国有股的持股单位直接将国有股在国有投资主体之间进行划拨的行为。这种形式带有极强的政府色彩，有助于减少国有企业内部竞争，形成具有国际竞争力的大公司或大集团。

三、从并购的通道来划分

1. 直接收购，是指并购企业直接向目标公司提出并购要求，双方经过磋商，达成协议，从而完成收购活动。如果并购企业对目标公司的部分所有权提出要求，目标公司可能会允许并购企业取得目标公司新发行的股票；如果是全部产权的要求，双方可以通过协商，确定所有权的转移方式。在直接收购的条件下，双方密切配合，可以降低相对成本，提升成功的可能性。

2. 间接收购，是指并购企业直接在证券市场上收购目标公司的股票，从而控制目标公司。间接收购方式往往很容易引起股价的剧烈上涨，也可能会引起目标公司的激烈反应，因此提高收购成本，增加收购难度。

2. 并购时，对于目标公司需要进行哪些方面的调查

为了确定目标公司与并购公司的整体战略发展是否吻合，了解目标公司的价值、审查其经营业绩以及公司的机会和障碍，并购公司需要在并购前对目标公司进行全面的分析和调查，分析的重点一般包括产业、法律、运营、财务等方面。

一、产业分析

对任何公司来说，其所处的产业状况对经营和发展有着决定性的影响，因此产业分析是有必要的，而分析主要侧重三个方面：

1. 产业的总体状况，包括产业所处生命周期的阶段、其在国民经济中的地位、国家对该产业的政策等。

2. 产业结构状况，包括 5 种基本竞争力量：潜在进入者、替代品生产者、供应者、购买者和行业现有竞争力量。

3. 产业内战略集团状况，产业内竞争者可按不同的战略地位划分不同的战略集团，战略集团的位置以及战略集团之间的相互关系对产业内的竞争能够产生很大的影响，如果产业内各战略集团布局合理，目标企业处于有利的战略集团的有利位置，公司的经营自然会受益。

二、法律分析

并购公司可以委托律师事务所对目标公司进行法律分析，分析内容主要集中在 6 个方面：

1. 审查目标公司的主体资格及获得的批准和授权情况，比如审查目标公司的股东状况以及目标公司主体资格的合法性，审查目标公司从事特定行业或经营项目的营业执照，审查目标公司是否获得本次并购所需的批准与授权。

2. 审查目标公司的资产状况，包括不动产、动产、知识产权、产权证明文件、抵押担保状况、权利瑕疵，租赁资产是否合法合规、租赁条件是否有利以及大笔应收账款、应付账款。

3. 审查目标公司重要的法律文件、重大合同，要重点审查目标公司及其附属机构、合作方的董事和经营管理者单位与主体单位、人员签署的书面协议、备忘录、保证书等资料。

4. 审查目标公司的债务，包括偿还期限、利率及债权人对其是否有限制，是否规定了公司的控制权发生转移时，债务是否立即到期。

5. 审查目标公司的重大诉讼、仲裁和行政处罚案件，看看其是否会对公司的经营造成不良影响。

6. 审查目标公司的历史沿革，了解公司的变更历史及发展情况，确保公司的产权机构、内部组织结构的合法性。

三、经营分析

1. 运营状况，主要包括分析利润、销售额、市场占有率等指标的变化趋势。

2. 管理状况，主要包括目标公司的管理风格、管理制度、管理能力、营销能力。

3. 重要管理资源，包括人才、技术、设备、无形资产。

四、财务分析

并购公司委托会计师事务所对目标公司的资产、负债、税款进行审查，看看各项资产的所有权、资产的计价、应收账款，了解负债的偿还和税收的缴纳情况。

3. 新三板的并购资源与机会

新三板市场的制度仍处于不断完善之中，目前的并购案例并不多见，不过正随着新三板的发展而逐渐变得活跃起来，新三板未来会成为寻找并购资源的好平台，也会为并购提供更多更好的机会。主要原因如下：

第一，新三板企业规模小，治理和业绩相对其他小企业来说更好，加上市场定价比较透明，并购的概率更大。

第二，新三板挂牌企业市盈率与主板市场存在差价，和中小板、创业板市盈率普遍维持在 40 倍左右相比，大部分新三板挂牌企业的市盈率维持在 10 ~ 30 倍之间，平均市盈率为 20 倍左右，因此投行和 PE 更有动力通过新三板去实现并购。

第三，随着挂牌企业的不断增多，一些好的挂牌企业为了做大就会采取并购，而且一些挂牌企业之间也存在并购的意向，这样就给投行带来了更多更好的业务。

第四，沪深上市公司可以把新三板作为并购资源储备库，而且一些面临退市压力的企业为了保壳，会产生注入新资源的需求，它们会主动找券商洽谈挂牌企业的并购事宜。

第五，部分券商正在搭建场外市场并购重组制度，券商可以成为挂牌企业的承销商，也能成为并购顾问。

新三板的资源配置功能正在逐步体现出来，一些新三板企业挂牌之后通过并购竞争对手和定向融资，已经实现了较快的成长。企业挂牌新三板后的资源整合令人期待。而未来一段时间，新三板的企业数量会进一步增加到4000～5000，并购股的机会将会大大提升，从而给并购重组业务带来丰厚的资源与机会。

4. 企业并购战略

企业并购战略是指并购的目的及该目的的实现途径，内容包括确定并购目的、选择并购对象和设计并购架构等核心事项。面对日益激烈的竞争，企业需要不断壮大和发展自己才能立足于市场。通常情况下，企业可以通过内部投资获得发展，也可通过并购获得发展，而并购获得的效益会更高一些，为此需要制定和实施切实可行的并购战略。

现在企业并购一般参照管理学家杜拉克提出的企业战略并购的基本原则：

1. 并购企业必须能为目标企业作出贡献，并购企业只有为被并购企业提供更多的帮助，带来更多的利益，作出更大的贡献，并购才可能获得成功。

2. 需要共同的文化基础，包括团结的核心、共同的语言，从而更加有效地将并购公司和目标企业整合在一起。

3. 并购企业必须尊重被并购企业的员工、产品、市场和消费者。

4. 并购企业提供高层管理人员，帮助被并购企业改善管理情况。

5. 并购的第一年内，要让双方的管理人员大部分得到提升，使得双方的管理人员相信并购行为给公司带来了更多更好的机会。

5. 本节相关案例

一、盛世光明是如何收购子公司的

北京盛世光明软件股份有限公司（简称"盛世光明"，股票代码430267），于 2012 年 12 月 25 日整体改制为股份有限公司，2013 年 7 月 18 日以 1150 万元的注册资本挂牌新三板，公司的主营业务是技术开发、技术转让、技术咨询、技术服务；应用软件服务；基础软件服务；销售计算机、软件及辅助设备、电子产品、机械设备、安全技术防范产品、通讯设备、文化用品；货物进出口、技术进出口、代理进出口。

2011 年 12 月 5 日，盛世光明召开股东会，以现金购买孙伟力、李红新、王欢各自持有的济宁公司 300.00 万元、200.00 万元、50.00 万元出资额。上述交易构成关联交易。

上述关联交易的必要性：济宁公司自成立以来一直从事办公管理软件的开发与销售，虽然济宁公司的产品应用领域为教育、税务等政府部门，但与公司同为软件业，双方在业务模式、研发模式等方面均有共通之处，同时，公司在收购济宁公司之前，济宁公司管理人员、研发内容与公司也有交叉。为便于管理，同时也为便于未来济宁公司进入信息安全市场，公司进行了上述收购。

上述关联交易的定价依据为：根据立信中联闽都会计师事务所有限公司出具的中联闽都审字（2013）A－0068 号《审计报告》，截至 2011 年 12 月 31 日，济宁公司经审计的净资产为人民币 627.98 万元，由于转让时点是 2011 年 12 月 5 日，故扣除 2011 年 12 月的净利润 64.52 万元，估算截至 2011 年 11 月 30 日的净资产为 563.46 万元。因此，本次转让价格按注册资本确定，定价合理。本次受让方已支付了相应的股权转让款，不存在纠纷或潜在纠纷。

上述关联交易的决策程序：上述关联交易在有限公司阶段发生，已通过了股东会决议。

二、新三板挂牌公司金宏泰被收购

金宏泰于 2014 年 12 月 29 日在股转系统挂牌。依据金宏泰 2014 年年度报告，公司实际控制人刘荣升、刘春芳夫妇直接持有公司 100% 的股份，对公司经营决策拥有绝对的控制能力。收购人赖泳村未持有公司股份。

根据大信会计师事务所（特殊普通合伙）于 2014 年 6 月 26 日出具的大信审字［2014］第 5－00234 号《审计报告》，截至 2014 年 5 月 31 日，金宏泰资产总额为 4840.8 万元，净资产为 2479.1 万元。

2015 年 7 月 22 日，公司公布收购报告书、董事会决议等系列文件。根据收购报告书，公司实际控制人刘荣升、刘春芳夫妇将其持有公司 25% 的股权转让给赖泳村并授予其在未来 36 个月内受让剩余 75% 股权的权利。具体情况如下：

2015 年 7 月 19 日，收购人赖泳村与公司股东刘荣升及刘春芳就本次收购事宜签署了《框架协议》；2015 年 7 月 20 日，收购人赖泳村与转让人共同签署《股份转让协议》，转让人刘荣升、刘春芳拟向赖泳村转让 550 万股份（首期解禁股，转让对价为 480 万元）。2015 年 7 月 20 日，转让人刘荣升、刘春芳出具《关于委托行使股东权利的承诺函》，接受转让人授予其行使转让人持有的余下 1650 万股（转让对价为 1420 万元）金宏泰有限售条件股份（挂牌公司控股股东及实际控制人的股份自挂牌之日起在两年内分三批解禁，即挂牌时、挂牌后满一年、挂牌后满两年分别解禁三分之一，控股股东及实际控制人如作为公司高管每年可转让股份不得多于其持有公司股份的 25% 且离职后半年内不得转让）的股东权利，从而实现对公司的控制。转让人需将余下的 1650 万股股份全部质押给收购人，作为交换对价，收购人需先行支付预付款 720 万元。

收购人赖泳村有权根据协议的约定择机启动金宏泰的首次定向增发事宜（以下简称"首次增发"）募集现金或收购资产，具体方案和具体时间由收购人赖泳村另行确定。收购人不排除在本次收购完成后的经营过程中根据公司的发展需要，在保证合法合规的前提下，通过出售、购买、置换、托管、租赁或其他方式，对公司的现有主要资产进行相应处置。

公司在收购的同时改选了董事、监事及高级管理人员，更新了公司经营管理层，但新的董事、监事的聘任自公司控制权变更完成之日起生效。

公司于 7 月 22 日公布的关于投资设立全资子公司的公告显示，公司将设立全资子公司用于承接公司的现有资产、负债、人员及业务。此动作实为资产剥离。2015 年 9 月 23 日，公司公布全部净资产对外投资方案变更公告，称为了更好的配合公司与新设的一人公司之间的现有业务交接，公司推迟了将现有整体资产、负债和业务置入一人公司的时间，公司将以截至 2015 年 7 月 31 日经评估后的净资产按 1 元每股的价格对一人公司进行增资；公司现有全部员工将随公司现有业务进入一人公司，即公司现有全部员工与公司解除劳动关系，并与一人公司重新签署劳动合同。

金宏泰作为壳公司的转让价格为 1900 万元（480 万元 + 1420 万元）。本案中，由于控股股东及实际控制人部分股份未解禁，无法一次性完成控股权收购。

三、合力财富收购莱富特佰，实际控制人变更

莱富特佰公司成立于 2007 年 11 月，于 2011 年 3 月在新三板挂牌，旗下拥有汽车垂直类网站——汽车点评网，主要提供汽车资讯。

依据莱富特佰 2014 年年度报告，百度网讯持股数量为 1020 万股，持股比例为 51%，为公司控股股东，自然人李彦宏持有百度网讯 99.5% 的股份，为莱富特佰公司实际控制人。合力财富（有限合伙）持股数量为 208 万股，持股比例为 10.4%。

2015 年 6 月 10 日，公司发布《收购报告书》，称合力财富（收购人，莱富特佰第三大股东；其实际控制人燕宁持有其 97.42% 的出资额）与百度网讯于 2015 年 6 月 8 日签署了《股份转让协议》，约定百度网讯将其持有莱富特佰 51% 的股份，合计 1020 万股转让给合力财富。股权转让价为 2.5 元/股（总价为人民币 2550 万元）。合力财富收购资金来源于其自有资金及实际控制人燕宁借款。

本次股权转让后，合力财富持有公司 61.4% 的股份，公司控制股东由百度网讯变更为合力财富。合力财富的实际控制人为燕宁，持有合力财富 97.42% 的出资额，担任合力财富的执行事务合伙人。公司的实际控制人变更为燕宁女士。

第三节　股权激励

1. 制定股权激励的意义

创新创业型中小企业在发展中普遍面临人才、资金两大瓶颈，而股权激励是吸引人才的重要手段。全国股份转让系统支持挂牌公司以限定性股票、期权等多种方式灵活实行股权激励计划。虽然薪酬制度是激励制度的重要部分，但企业可以根据自身需要自主选择股权激励方式，只要履行信息披露即可。这为那些财务支付能力弱的公司吸引、留住核心专业人才、技术骨干创造了条件。由于挂牌公司股权有了公允的市场定价和顺畅的进出通道，这也为股权激励的实施提供了保障。

在创业环境的初步形成后，股权激励已经成为优秀公司留住人才的最佳选择。除此之外，股权激励还能够推动权益分享意识和法治进步，体现出公司经营管理层的身份，实现追随创业者（股东）的员工的自身价值，使公司所有权人与经营管理人员及公司员工利益的最大化。

2. 公司治理中存在的激励问题

公司治理有两个关键性安排：一是公司控制权的安排；二是激励制度设计。建立有效的激励制度是与建立现代企业制度有关的基本问题。目前，我国企业激励约束机制存在以下六点不足：

1. 显性的物质报酬过低，隐性的职位消费过高。许多企业经营者的收入水平与一般职工的工资水平相差并不显著，但经营者的职位消费则几乎无所不包。

2. 报酬形式单一。目前，企业经营者的报酬以属于短期激励形式的工资和奖金为主，很少包括像股权、期权、退休金安排等长期激励的报酬形式，无法起到有效的激励作用。

3. 所有者缺位问题仍然存在，产权主体的监督和约束弱化。

4. 有效的市场约束体系尚未建立。有效的市场约束体系往往通过产品市场、资本市场以及经理市场在内的市场竞争机制给经营者以很大的压力，从而形成很强的市场约束。在我国由于市场约束体系尚未建立，因而对企业经营者的市场约束还很难实现。

5. 缺乏强有力的经营者职业风险约束。有的经营者即便企业经营的效益很差，甚至出现严重亏损，但只要和领导"搞好关系"，并不用承担什么责任，甚至照样"做官"。

6. 法律约束不力，内部监管不严。

3. 股权激励的基本模式

1. 业绩股票，是指在年初确定一个较为合理的业绩目标，如果激励对象到年末时达到预定的目标，则公司授予其一定数量的股票或提取一定的奖励基金购买公司股票。业绩股票的流通变现通常有时间和数量限制。

2. 股票期权，是指公司授予激励对象的一种权利，激励对象可以在规定的时期内以事先确定的价格购买一定数量的本公司流通股票，也可以放弃这种权利：股票期权的行权也有时间和数量的限制，且须激励对象自行为行权支出现金。

3. 虚拟股票，是指公司授予激励对象一种虚拟的股票，激励对象可以据此享受一定数量的分红权和股价升值收益，但没有所有权、表决权，不能转让和出售，在离开企业时自动失效。

4. 股票增值权，是指公司授予激励对象的一种权利，如果公司股价上升，激励对象可通过行权获得相应数量的股价升值收益，激励对象不用为行权付出现金，行权后获得现金或等值的公司股票。

5. 限制性股票，是指事先授予激励对象一定数量的公司股票，但对股票的来源、抛售等有一些特殊限制，一般只有当激励对象完成特定目标（如扭亏为盈）后，激励对象才可抛售限制性股票并从中获益。

6. 延期支付，是指公司为激励对象设计"一揽子"薪酬收入计划，其中有一部分属于股权激励收入，股权激励收入不在当年发放，而是按公司股票公平市价折算成股票数量，在一定期限后，以公司股票形式或根据届时股票市值以现金方式支付给激励对象。

7. 经营者、员工持股是指让激励对象持有一定数量的本公司股票，这些股票或是公司无偿赠予激励对象的，或是公司补贴激励对象购买的，或者是激励对象自行出资购买的。激励对象在股票升值时可以受益，在股票贬值时会受到损失。

8. 管理层、员工收购是指公司管理层或全体员工利用杠杆融资购买本公司的股份，成为公司股东，与其他股东风险共担、利益共享，从而改变公司的股权结构、控制权结构和资产结构，实现持股经营。

9. 账面价值增值权。具体分为购买型和虚拟型两种。购买型是指激励对象在期初按每股净资产值实际购买一定数量的公司股份，在期末再按每股净资产期末值回售给公司。虚拟型是指激励对象在期初不需支出资金，公司授予激励对象一定数量的名义股份，在期末根据公司每股净资产的增量和名义股份的数量来计算激励对象的收益，并据此向激励对象支付现金。

4. 制定股权激励的实务要点

一、激励目的

1. 吸引人才。一般是在引进关键技术或管理人员的同时给予某种形式的激励。

2. 激励人才。为了建立有效的技术研发动力机制或市场开发、产品推广机制，给予关键技术人员或重要营销人员某种形式的激励。

3. 职工持股。稳定具有一定资历的员工队伍，与创始股东共同分享企业成长收益。

4. 联络资源。稳定对企业具有重要价值或影响的外部资源，如商业银行、上下游客户等。

5. 改善公司治理结构、股权结构，引入外部资源，改变单一的家族控制或者夫妻店的经营模式。

6. 引进私募融资的需要。私募基金非常看重有投资价值公司的团队（管理层、核心技术人员），对核心团队的股权激励对引进私募融资有非常大的吸引力。

二、激励对象

1. 高级管理人员、关键技术人员、重要营销人员。这也是中国证监会最为鼓励的激励对象。但大多都设置了 12 ~ 36 个月不等的锁定期，其中最为常见的标准为 12 个月。

2. 具有一定资历的员工队伍。参考中国证监会《上市公司股权激励管理办法》（试行）（证监公司字〔2005〕151 号）第十二条，用于该等对象的激励股票总数最好不要超过公司股本总额的 10%。

3. 具有重要价值或影响的外部人脉资源。董事、高级管理人员、核心技术

（业务）人员以外人员成为激励对象的，发行人应充分披露分析其与发行人业务或业绩的关联程度，说明其作为激励对象的合理性。对于退休返聘的公务员系统的人员，要特别注意法律对这些人的限制。

三、激励模式

业绩股票、股票期权、经营者及员工持股、管理层及员工收购是拟上创业板企业钟爱的激励模式。根据中国证监会网站披露的创业板首发企业预披露招股说明书情况，则激励模式多为选择经营人员、技术人员、关键员工持股形式。

四、股票来源

1. 控股股东股权转让；

2. 公司股权回购转让；

3. 激励对象对公司增资。

根据中国证监会网站披露的创业板首发企业预披露招股说明书情况，则多为改组前或上市前增资，个别是控股股东股权转让，公司股权回购则没有。

在实务中，拟上市企业通常通过两种方式来完成股权激励行为：一是通过对激励对象实行较低价格的定向增发，低于公允价值的这部分差额是企业的一种"付出"；二是企业的创始人（即大股东）通过较低的转让价格向激励对象进行股权转让。

上述两种方式本质上同时具备股份支付的两个特征：第一个特征为，公司通过股权激励换取了企业员工提供的服务；第二个特征为，公司所换取的服务存在一定的对价，即前述"付出"，且该"付出"是可以计量的。简单地说，就是激励对象所支付的"购买成本"与外部 PE 价格（公允价值）存在的差价。股权激励实际为企业职工薪酬之一，在它发挥激励作用的背后，企业或大股东以低价出让股份的形式承担了一定的"隐性"成本。

五、股权激励的价格

股权激励所采用的价格一般有面值、账面净资产值或市场价格（PE 入股价格或市场上同类其他企业的 PE 价格）给予一定的折扣等。实践中，以每股账面净资产或者略高于每股净资产的价格入股是激励对象可以接受的，授予价格低于外部 PE 入股价格的幅度越大，激励对象所感受到的激励力度也就越大。

因此，股权激励授予价格应在每股净资产的价格与市场价格之间，且实施时间越靠近申报期，其价格应越接近于市场价格。

六、股权激励的模式

设立持股平台公司间接持股时，激励对象在限售期满后减持时需要通过持股平台公司来完成，操作上没有直接持股时方便和自由。但该方式下，持股平台公司转让上市公司股份的锁定是根据持股平台的上市承诺，目前法规对持股平台没有追加锁定期，且其减持行为亦没有额外的交易限制。此外，持股平台的股东转让平台公司股份目前亦未有明确的法律限制。因此，采用间接持股方式更为灵活，其退出机制所受到的法律限制较少，但对激励对象而言，直接持股时其减持的自由度较大。企业可根据激励对象的范围、激励目的等对授予方式进行灵活安排。

七、资金来源

发行人不得为激励对象依股权激励计划获取有关权益提供贷款以及其他任何形式的财务资助，包括为其贷款提供担保。

八、时间安排

股权激励大多均选择在股份制改组前的有限公司阶段，也有股份公司阶段实施的案例。时间越靠前，越好解释，尽量避免在上市前6个月内的火线入股。

为打消中国证监会对公司股权稳定性的疑虑，建议发行人在上市前完成或彻底终止股权激励计划（并且不应当留下可能引起股权纠纷的后遗症）。根据目前的创业板披露情况，最好是一次性实施完毕。

5. 本节相关案例

一、新三板挂牌企业公告员工持股计划

新三板挂牌公司联讯证券（830899）于2015年1月23日晚间公告了其第一期员工持股计划。联讯证券成为新三板市场中首个公告员工持股计划的挂牌公司。

联讯证券员工持股计划设立后委托中信信诚资产管理有限公司管理，并全额认购由中信信诚资产管理有限公司设立的中信信诚联讯启航1号专项资产管理计划（以下简称"启航 1 号资管计划"）的次级份额。其中：

定人方面：此次联讯证券员工持股计划的参加对象为截至 2014 年 12 月 31 日公司全体在册正式员工，总人数不超过 1025 人，其中公司董事、监事和高级管理人员认购份额占员工持股计划总份额的初始比例不超过 25.37%。联讯证券参考了高科技企业中盛行的全员持股理念，将此次员工持股计划的覆盖面扩大到全体在册员工。

定量方面：此次联讯证券员工持股计划全部份额对应标的股票总数不超过 5716 万股，占公司现有股本总额的比例不超过 4.71%。由于联讯证券目前无实际控制人，持股比例最大的股东海口美兰国际机场有限责任公司持股比例为 28.38%，未来启航 1 号资管计划将成为公司第六大股东。

定时方面：启航 1 号资管计划所获标的股票的锁定期为 12 个月；本员工持股计划的存续期为 24 个月。

定价方面：启航 1 号资管计划认购公司标的股票的价格为 1.46 元/股。该价格相较于公司每股净资产 1.25 元/股略有上浮。

股份、资金来源：本次联讯证券员工持股计划股份来源为公司向启航 1 号资管计划定向发行的新股。启航 1 号资管计划按照 1：1.5 的比例设立次级份额和优先级份额，优先级份额按照 10.7% 的年基准收益率按实际存续天数优先获得收益。员工出资认购次级份额，员工出资总额不超过 8345.36 万元。

截止 1 月 27 日，新三板已有多家公司公告了股票期权或限制性股票激励计划，而更多的公司则是选择直接向员工或员工持股平台定向增发新股达到股权激励的目的。而联讯证券实施的员工持股计划则开创了新三板挂牌公司实施员工持股计划的先河。

相较于股票期权、限制性股票或员工作为认购对象的定向增发，员工持股计划最大的特点是将股权激励多针对高管的激励范围扩大到普通员工，激励更具普惠性，同时克服了新三板定向增发在人数上的局限性。除此之外，员工持股计划没有业绩考核制度，计划的推进也将更为便利。

二、金和软件和紫光华宇通过公司股权激励吸引人才

2007 年 12 月 27 日，金和软件（430024）正式挂牌新三板，并于 2009 年 6 月 18 日参与新三板首次最大规模的集体路演活动，这为公司吸引人才提供了便利。2009 年 9 月，"打工皇帝"唐骏以董事职位加盟了金和软件。

2006 年，紫光华宇以每股 1.03 元的价格面向公司员工实施股权激励，市盈率为 3.32 倍。同年 8 月 30 日，公司正式挂牌新三板。2008 年，股票的市价为每股 9.1 元，市盈率达到了 15.38 倍，到了 2011 年创业板首次公开发行时，股票价格攀升到每股 30.8 元，市盈率为 33.85 倍。随着股价的不断上涨，员工收获了财富，公司的吸引力和凝聚力不断增强。

企业在新三板挂牌后，股份的自由流动使得公司业绩与核心团队的自身利益紧密联系在一起，公司利益与个人利益开始保持一致。因此在实施股权激励之后，就可以吸引优秀的管理和技术人才加盟公司共同发展。

三、楼兰股份披露公司股票期权激励计划

2014 年 12 月 26 日，新三板挂牌企业楼兰股份（430657）发布公告，披露公司股票期权激励计划：为了留住优秀人才，同时降低激励成本，公司决定以 6.60 元/股的价格针对 19 名核心技术人员发行 72 万份股票期权，涉及的普通股数量约占总股本 3500.05 万股的 2.06%；公司规定自股票期权授予日起二十四个月，自授予日起至满足行权条件后 10 个工作日可以开始行权，授予日为激励计划经公司股东大会审议通过之日。

楼兰股份是一家专注于汽车营销领域的咨询服务企业集团，以车联网技术研发与应用为发展方向，目前能提供分销管理、客户关系管理、IT 系统建设及咨询、数据传输和分析等整体解决方案，主要应用在汽车产业中的汽车销售及汽车后市场服务领域。

楼兰股份此次股票期权激励计划激励模式选择恰当，楼兰股份属于高科技行业，其注册资本约为 2.17 亿元，公司 2014 年年报显示归母净利润 3123.70 万元，同比增长 2873.24%，资本增值很快。公司 2014 年研发费用环比增长 69.09%，针对研发技术人员的投入不断增加，公司注重人力资本增值，因此公司较为适合股票期权激励计划。

第四节   中小企业私募债

1. 中小企业私募债的发展现状

根据《中小企业私募债业务试点办法》和《中小企业私募债试点业务指南》的规定，中小企业私募债券是指未上市中小微型企业以非公开方式发行的，发行率不超过同期银行基准利率的 3 倍，期限在 1 年及以上，对发行人没有净资产和盈利能力的门槛要求，完全市场化的公司债券。

中小企业私募债业务自 2012 年 6 月在我国开始试点，一直平稳运作，截至 2014 年 7 月底，中小企业私募债试点地域范围已经覆盖全国 29 个省（自治区、直辖市），上海、深圳证券交易所共接受了 683 家企业备案申请，拟发行的金额达到 1251 亿元，实际的发行金额为 680 亿元。

证监会也在研究部署贯彻落实国务院《关于多措并举着力缓解企业融资成本高问题的指导意见》（国办发〔2014〕39 号）的具体措施中，就包括中小企业私募债发行主体将扩展至新三板挂牌企业的举措，以便更好地支持广大中小微型企业的融资。

不过，中小企业私募债发行量偏小，承销难度比较大，属于高风险高收入债券，券商的承销费理应比一般的公司债、企业债高出不少。不过券商们为了储备 IPO 资源和以后方便开展综合创新业务、提高市场竞争力，几乎按照"地板价"佣金收取费用。可是私募债券的发行总额和券商承销的债权的发行量相比，远远不及。

2. 中小企业私募债的发行条件及发行流程

根据《中小企业私募债业务试点办法》《中小企业私募债试点业务指南》的规定以及实践要求，中小企业发行私募债券需要具备以下这些条件：

1. 发行中小企业私募债的企业应是中国境内注册的，且必须符合国家相关政策对于中小企业定义标准的有限责任公司或股份有限公司。中小企业私募债的发行人为未上市的中小微型企业，符合《关于印发中小企业划型标准规定的通知》（工信部联企业〔2011〕300 号）的规定标准，但未在上海证券交易所和深圳证券交易所上市的中小微型企业。

2. 申请发行中小企业私募债的企业其纳税行为必须规范。

3. 申请发行中小企业私募债的目标企业其主营业务不能包含房地产和金融类业务。

4. 办理发行中小企业私募债的目标企业其年营业收入达到一定规模，以企业年营业额收入不低于发债额度为宜。

5. 办理中小企业私募债的目标企业能够获得大型国企或者国有担保公司的担保。

6. 申请中小企业私募债的企业其信用评级达到 AA 级以上则为优先考虑对象。

此外，中小企业私募债发行规模不受不超过净资产的 40% 的限制，虽须提交最近两年审计财务报告，但对财务报告中的利润情况无要求，也不受年均分配利润不少于公司债券 1 年的利息的限制。

中小企业私募债发行的流程主要分为以下 5 个阶段：

前期准备阶段：讨论确定发行方案，包括规模、期限、担保方式、预计利率、募集资金用途等；联系担保工作；会计师开展审计工作；券商、律师开展尽职调查；召开董事会、股东大会。

材料制作阶段：完成担保工作；签署承销协议、受托管理协议、债券持有人会议规则、设立偿债保障金专户、担保函、担保协议等各项协议文件；中介机构撰写承销协议、募集说明书、尽职调查报告等；律师出具法律意见书；完成上报文件初稿。

申报阶段：全部文件定稿；申请文件报送上海证券交易所备案；寻找潜在的投资者。

备案阶段：备案期间与主管单位持续跟踪和沟通；完成备案。

发行阶段：发行推介及宣传；备案后 6 个月内择机发行债券。

3. 中小企业私募债发行前需要哪些备案材料

中小企业发行私募债前，须与各种机构共同制定并由承销商报送备案的私募债券发行材料包含以下主要内容：

1. 备案登记表。

2. 发行人公司章程及营业执照（副本）复印件。

3. 发行人内设有权机构关于本期私募债券发行事项的决议。

4. 私募债券承销协议。

5. 私募债券募集说明书。

6. 承销商的尽职调查报告。

7. 私募债券受托管理协议及私募债券发行的法律意见书。

8. 发行人经具有从事证券、期货相关业务资格的会计师事务所审计的最近两个完整会计年度的财务报告。

9. 律师事务所出具的关于本期私募债券发行的法律意见书。

10. 发行人全体董事、监事和高级管理人员对发行申请文件真实性、准确性和完整性的承诺书。

11. 相关评级报告和担保协议。

12. 深圳证券交易所或者上海证券交易所规定的其他文件。

4. 本节相关案例

一、新三板首份私募债方案

北京中外名人文化传媒股份有限公司于 2014 年 10 月 10 日晚披露的董事会公告显示，公司拟发行中小企业私募债券，发行规模不超过 1.2 亿元，募资在扣除发行费用后，提取 10000 万元用于偿还银行短期贷款，改变企业负债结构；剩余部分用于补充公司流动资金。

根据公告中外名人本期私募债券票面金额为每张 100 元并按面值发行。债券期限为 2＋1 年，附发行人赎回选择权。每年付息一次，到期一次还本，最后一期利息随本金的兑付一起支付。票面利率的确定将以非公开方式向具备相应风险识别和承担能力的合格投资者进行询价，由发行人和主承销商大通证券股份有限公司协商确定。

此外，北京中关村科技融资担保有限公司将为本期私募债提供全额无条件不可撤销的连带责任保证担保，中外名人实际控制人陈建国、陈建平以个人房产为北京中关村科技融资担保有限公司提供反担保，同时本期私募债券认购不足 12000 万元的部分由主承销商采取代销的方式承销。

二、长江财富借助新三板认购私募债

2014 年 2 月底，长江财富资产管理有限公司发起了一项特定资产管理计划，专门认购新三板企业打包发行的私募债。这个计划由中关村管委会牵头，融资主体初步拟定为中关村新三板挂牌的中小企业 8 家，融资规模约 5 亿～10 亿元，同时由 2A 资质中关村科技担保公司提供全额担保，还款期限是 24 个月。这个计划的实施有助于解决长期以来私募债的发行难题。

这个计划对于新三板企业发行私募债有很大的促进作用，具有很大的优势。

第一，打包处理的方法创新性地将私募债变成了资管产品，思路发生了根本性的转变。

第二，贴息覆盖部分成本。对于单个企业来说，发行私募债流程比较漫长，挂牌成本高达 50 万～100 万元，而打包发行，可以利用项目资金，获得政府的补贴，能够覆盖律师费和会计师费。此外，中关村管委会实行贴息政策，比如企业私募债发行规模在 2000 万～1 亿元之间，可以获得每年 30% 最高 50 万元的融资贴息。这样一来，企业每年实际发债融资成本约为 9.3%～11.3%。

第三，私募债由长江财富特定资产管理计划全额认购，而银行则是这个资产管理计划第一批主要出资人。由于中关村科技担保公司提供全额担保，且新三板挂牌企业又具备了一定的商业信誉和成长性，银行自然愿意以自有资金或理财产品认购。

第四，这项资产管理计划只收取 1% 的管理费，不仅能减轻企业负担，而且发行商的收益也会因为规模效应而得到保障。

通过上述分析，企业集中发行、成立专项资产管理计划全额认购是解决私募债难题的一个重要尝试，通过依托新三板这样的平台，这种打包发行的私募债也许能够得到更多投资者的认同。

三、中海阳再发 2 亿中小企业私募债

2015 年 11 月 17 日，中海阳发布公告，称已收到其私募债券承销商北京银行股份有限公司汇入公司指定账户的 2 亿元发行款项，且公司已按规定在北京

股权登记管理中心有限公司办理了上述债券登记事宜。本期私募债发行采取向经北京股权交易中心认可的具备相应风险识别和承担能力的合格投资者非公开发行的方式，发行对象不超过 200 名，承销方式为余额包销，票面利率 7.2%，债券期限 24 个月。

据相关资料显示，截至目前，新三板企业挂牌后累计成功发行中小企业私募债券 17 次，发行金额合计 66180 万元人民币。其中，中海阳曾于 2013 年成功发行并按期兑付 1 亿元中小企业私募债，是新三板首支私募债发行过亿的挂牌企业，加上本次 2 亿元发行额度，发行总量已占新三板发行总额的 50%。

第五节　转　　板

1. 转板的路径

新三板挂牌企业实现转板可以通过多种方式，目前存在或者正在筹划的方式分为三种：

1. IPO

目前 IPO 是新三板企业实现转板最常见的方式，已经有多家公司通过 IPO 实现转板，而且有多家挂牌公司透露出通过 IPO 转板的计划。不过通过 IPO 的方式转板是一个漫长的过程，对新三板挂牌企业来说优势并不明显，不确定性因素也比较多。

2. 借壳上市

对于那些在新三板挂牌的企业来说，如果自身发展和增长存在问题，那么就需要在销售渠道、产品技术、产业整合方面与其他相应资源的企业进行联合才能实现更好的发展，而通过被收购或借壳上市的方式通常可以比 IPO 方式能更快地实现上市。

3. 直接对接创业板

直接对接创业板是目前监管层着力筹划的路径，虽然 A 股市场相关制度尚未推出，但这种转板形式在其他成熟的资本市场已经成为一种惯用的操作方式，因此成为中国资本市场未来的发展趋势。目前创业板上市的门槛很高，依据《首次公开发行股票并在创业板上市管理暂行办法》（证监会第99号令）的规定，在创业板上市的企业需要满足相应的财务要求，包括最近两年净利润累计不少于1000万元且持续增长；或者最近一年盈利，且净利润不少于500万元，最近一年营业收入不少于5000万元，最近两年营业收入增长率均不低于30%。净利润扣除非经常性损益前后孰低者为计算依据。这些条件阻挡了一大批企业实现转板的可能，而且创业板机制和企业的首次公开发行配合在一起，这也影响了转板，为此需要进行改革和调整，适当降低转板创业板的门槛。

2. 转板的绿色通道

新三板的转板绿色通道指的是新三板等场外市场的挂牌企业，在自愿的前提下，可以通过一条专属于新三板等场外市场挂牌企业而有别于普通企业的途径，来进行首次公开募股，最终达到在创业板、中小板、主板上市的目的。

目前普通企业IPO通道中排队的企业众多，开辟新的绿色通道来完成发审程序，会提升新三板挂牌企业IPO的效率，进而促进新三板市场的繁荣，使其成为高新企业上市的孵化器。此外，转板绿色通道的建立体现了新三板市场区别于其他资本市场的独特之处。

尽管这条绿色通道能够为转板带来很多便利，但在现行状况下，打通新三板仍旧面临一些障碍，因此需要想办法解决以下这些问题：

1. 监管机构与市场平台职能的转换、界定

监管机构与市场平台职能的转换、界定具体包括：如何重新界定政府监管机构、市场平台和其他市场中介的职责和义务；如何推动"监审分离、下放发审、程序核准、保留否决"；如何保证挂牌企业能够真实、准确、充分、完整地披露相关信息等。

2. 转板机制配套制度的完善

为了实现成功转板，除了拥有完善的转板机制以外，还需要完善转板机制的配套制度，而在转板配套制度中，最重要的就是做市商制度。新三板需要建立完善的做市商制度。做市商应该利用自身优势，在强制性、竞争性的公开双向报价制度的约束下，准确判断上市公司价值、股票二级市场走势，报价并买卖公司股票。

做市商应该利用自有的做市资金，随时应付任何买卖，确保在买卖双方没有等到对方出现的情况下，做市商也可出面承担另一方的责任，使交易顺利进行。

做市商需要综合分析市场所有参与者的信息以衡量自身风险和收益，然后形成自己的报价，投资者可在报价基础上进行决策，并反过来影响做市商的报价，这样就能促使证券价格逐步靠拢其实际价值，以此实现市场的价格发现功能。另外，做市商要避免违法违纪行为，比如暗箱操作等。

3. 建立恰当的转板规则

完成与转板机制相关的制度设计之后，需要制定转板规则的标准。具体可参照美国场外市场转板机制的建设经验，即当公司满足了主板、创业板市场的相应标准后，就可以从场外柜台交易系统直接转板到相应板块。

3. 转板制度的设计

在我国资本市场体系中，新三板成为一个日益活跃的资本市场，越来越多的企业进入新三板挂牌，目的是为了规范公司治理和实现融资需求，但还有一个重要原因就是想要实现转板上市，而转板上市就需要设计和建立起完善的转板制度。转板制度是市场运行的重要制度之一，它立足于长远，且关系到企业和市场未来的发展，具有很强的导向性作用。作为多层次资本市场中的一环，转板制度不可或缺。

在设计新三板转板制度的时候，相关制度的推出也需要慎之又慎，千万不可贸然行事。

证监会曾在 2014 年 5 月 19 日提到支持尚未盈利的互联网和高新技术企业在新三板挂牌一年后到创业板上市，而对于其他类型的企业，证监会可能会要求具备诸如达到一定的挂牌年限、一定程度的股权分散度、公司的治理和信息披露、财务门槛等方面的规范条件。

在具体的制度设计过程中，采取直接转板制度，即低级证券市场上市的公司如果符合高级证券市场上市条件，可以直接转至高级证券市场挂牌上市的制度，以此来区别于首次公开发行制度。

同时需要充分参照外国资本市场建设的成熟经验，尤其是美国纳斯达克资本市场，规定财务标准、流通股本数量、公司股价和股东人数。同时也要参照创业板、中小板、主板的要求，并根据我国资本市场股票价格波动较大的实情，考虑用最低市盈率的条件来替换最低股价的条件。

当然，新三板转板制度的建设必须为新三板市场的建设和发展服务，转板制度的设计需要考虑到以下几个基本要求。

1. 是否能够增强新三板的流动性

一个证券市场是否成功，关键看市场的繁荣程度，也就是流动性，流动性好的市场才能够满足上市企业融资和投资者获利的双重目的。一旦设计出的新三板转板制度能够鼓励更多的企业和投资者参与到新三板市场当中，就可以增强流动性，从而活跃市场，有效确保市场的繁荣。

2. 是否能加强融资功能

繁荣的市场离不开大量的买方和卖方，其中买方就是指投资者，卖方是挂牌企业。如果转板制度的设计能够吸引更多的投资者进入市场，就可以增强新三板的融资功能，让挂牌企业持续稳定地获得融资，这样就可以吸引更多的企业进入新三板。

3. 是否实现板块间的自由流动

在新三板和创业板之间建立的转板制度，如果能够自由流动，为企业开辟转板的绿色通道，给予新三板企业较之 IPO 更为便捷的转板上市机会，那么就能吸引更多的挂牌企业和投资者进入新三板。而反过来说，越来越多的挂牌企业和投资者进入新三板，那么就可以增强新三板的流动性。

在转板制度的设计过程中，以上三个要素必须考虑进去，只有这样，才能真正建立起我国各个层次的板块之间相互联系的转板制度，实现企业在各个层次资本市场的自由流动。

4. 挂牌企业实现转板的条件

目前一些从新三板转板到创业板或中小板的挂牌企业，通常都是因为达到了创业板和中小板的上市条件后才成功转入 A 股上市的，这可以看做是新三板企业实现转板的先决条件。如今转板制度还尚未完善，在具体明确的转板条件出台之前，企业更应该做好内功，提升自己的水平。

实际上，无论未来转板条件如何设置，拟转板企业想要转板到创业板或中小板，必须要在股本规模、业绩提升、股权分布、规范运作等方面做好充分的准备。

1. 股本规模

目前，新三板挂牌公司的成立仍有 500 万元的注册资本要求，虽然企业的股本规模与净资产规模、营利规模没有必然联系，不过想要转板创业板上市，必须拥有一定的股本规模。股本规模越大，就越能够适应未来市场活跃的交易，而筹码太少就会导致每手交易价格过高、过于集中的状况。参照那些成功实现转板的企业的转板经验来看，企业应该通过经营积累以及定向增发至少要将股本规模做到 3000 万元，才能满足未来转板的需要。

2. 收入和利润等业绩的提升

对于未来的上市企业来说，营利规模的要求逐渐弱化，但企业最终的目的仍在于营利，对于那些营利不够出色的企业来说，至少应该在收入的增长趋势方面体现出企业的成长性，而这是投资者重要的考量标准。因为一旦收入呈现下降趋势，那么即便企业能够满足转板上市的基本条件，也很难获得投资者的青睐和追捧，上市就比较困难。此外，良好的经营业绩能够支撑资本的运作，是企业实现转板的重要保障。

3. 股权分布

沪深交易所都规定了中小型企业的社会公众股至少要占到公司发行在外股份总额的 25% 以上，特别大型的企业为 10% 以上，这样做的目的是为了确保上市公司在交易过程中有足够的股份用于交易，从而具备一定的可交易性和流通性。从这一方面来说，新三板挂牌企业需要完善股权结构，不能在转板前将股份全部控制在控股股东、实际控制人以及公司高层人员手中，而应该吸纳更多的社会公众投资者来分散股权，确保股权的分散性和多元化，满足直接转板上市要求。

4. 规范运作

一些公司治理及内部控制不合理的企业往往会在上市之后爆发出各种问题，给投资者造成重大损失。因此监管层希望中小企业先在新三板挂牌，接受资本市场的洗礼，逐步规范自己的运作，梳理和整顿公司的治理规范和内控机制，提升管理水平，为实现转板打下坚实的基础。

5. 新三板的转板审批

新三板挂牌企业如果向证券交易所直接申请上市，就需要进行严格的审批，而审批的重点主要集中在以下几个方面：

1. 无形资产出资

审批的时候需要重点关注无形资产存在比例超标、权属不清晰、估值不合理以及评估程序瑕疵等状况。

2. 验资程序瑕疵

2004 年北京市工商局规定，银行出具《资金交存凭证》即可办理工商变更登记，无需验资报告，而验资程序出现瑕疵显然违反了上位法，应该予以重点说明。

3. 股权比例分散

审批应该重点关注的内容在于，控股股东股权比例较小，控制力较弱，需要采取补充锁定措施。

4. 同业竞争明显

审批的时候要注意比较明显的同业竞争情况，比如企业和股东存在同业竞争，或者和主要股东及其设立公司存在同业竞争。

5. 关联交易重大

一旦与股东存在金额较大的关联交易，需要及时消除。

6. 整体变更未缴纳个税

整体变更时应该按照 20% 的财产所得税缴纳个人所得税，审批时要重点注意这一点。

7. 存在股份代持

股份代持即所谓的名义持有人和实际持有人不一致，如果出现此类状况，应该核查代持原因并予以清理。

8. 红筹架构拆除

对于有过海外上市动议的企业来说，应该将境外特殊目的公司设立及注销情况予以详细说明。

9. 关联方非关联化

也就是关联企业注销情况，重点审批关联企业非关联化交易的真实性。

10. 关联方资金占用

此种情况下，需要披露关联方资金占用情况，报告期内接触并制定措施进行预防。

11. 募投产品资质

应该在申报前获得募投项目所投产品需要取得的行业准入资质。

12. 募投项目的业务模式变化

募投项目实施采用的业务模式与现有模式是否相同，不同的话应该重点进行说明。

13. 股份报价转让情况

需要披露股份报价转让情况，并详细核查特殊交易。

14. 中介机构持股状况

核查是否存在为上市公司服务的各中介的持股或委托持股情况，如有需要及时清理。

15. 核查参股企业

存在参股企业的话，需要核查其与发行人的交易、同业竞争、原因等情况。

16. 高毛利率的持续性

需要详细解释高毛利产品的获利原因，说明未来是否能够保持，不能保持的话会对公司造成什么影响，而公司是否存在替代或应对的措施。

17. 税收优惠依赖

中关村高科技企业往往能享受大额税收优惠，需要说明公司对税收优惠是否存在依赖，报告期内的变化趋势如何。

18. 控股股东与实际控制人是否受到行政处罚

重点关注控股股东与实际控制人的纳税情况、证券市场违法违规情况。

19. 历次股权转让的个税缴纳情况

溢价转让须缴纳个税，平价转让须说明其合理性，对通过代办股份转让系统转让股权的股东的个税缴纳情况因法律条件所限，可以不予核查，但董事会、监事会、高级管理人员的股权转让须详细核查。

20. 房屋产权证齐全

是否获取所有房屋产权证，如未获取，需解释说明存在的法律风险。

21. 应收账款余额较大

须说明应收账款余额较大原因、坏账准备计提情况、坏账实际发生情况。

22. 突击入股核查

对于申报前 6 个月、前 1 年内突击入股的股东将予以重点核查。

6. 本节相关案例

一、上海屹通信息科技股份有限公司通过被收购实现曲线上市创业板

2014 年 7 月 8 日晚间，东方国信对外披露资产重组方案，公司拟以 4.5 亿元收购上海屹通信息科技股份有限公司 100% 的股权。这些股权的账面净资产值总计为 3791.33 万元，不过由于上海屹通信息科技股份有限公司收益一直持续增长，因此此次收购的预估值增值率达到了 1089.56%，而交易双方初步协商的交易价格为 45080 万元。东方国信以现金和股份来支付对价，其中现金支付 11270 万元，余下的部分以每股 18.62 元的发行价格向屹通信息的股东合计发行 1815.8 万股股份。

与此同时，东方国信拟募集配套资金总额不超过 15026 万元，扣除发行费用之后的金额用于支付本次交易中的现金对价以及标的公司拟实施的主营业务相关的项目。

上海屹通信息科技股份有限公司是我国金融业信息化领域的专业服务商之一，主要为银行业金融机构提供信息化解决方案及实施服务。东方国信的这次收购是拓展公司的金融业务的重要举措，公司主营业务并没有改变，而行业领域将从电信领域延伸至金融领域，有利于进一步整合优势资源、提升公司整体竞争实力，符合软件技术产业在高度分化的基础上进行融合发展的趋势，将进一步完善公司在金融领域的战略布局，而且该事项利好公司股价。

对于上海屹通信息科技股份有限公司而言，经过这次并购使其成为东方国信的全资子公司，而由于东方国信是上市公司，因此屹通信息在挂牌新三板不足半年之后，就实现了曲线上市创业板的目的。

二、久其软件通过 IPO 登陆中小板

久其软件是国内领先的报表管理软件供应商，公司产品在政府部门、大型企业集团中得到广泛应用，其与财政部、国资委、交通运输部等 40 多个国家部委、70 多家央企集团建立了长期的业务联系。

该公司成立于 1997 年 4 月，公司的实际控制人赵福君、董泰湘夫妇在中关村以 50 万元的注册资本成立了北京久其电脑有限公司。2001 年 12 月，公司改制为股份公司，并且很快进行了两次增资，注册资本达到了 4574 万元。2006 年 9 月，久其软件在新三板正式挂牌。2009 年 8 月 11 日，公司第三次冲击 IPO，最终成功登陆中小板，发行价格达到了每股 27 元，募集资金总额达到 41310 万元，对比 2008 年每股收益 0.7959 元，发行市盈率高达 34 倍。

按照每股 27 元的发行价格计算，公司市值达到了 16.5 亿元，而持股比例超过 50% 的赵福君和董泰湘夫妇身家超过 8 亿元，其他 4 位发起人股东也因此身家暴涨。除此之外，公司其余 100 名自然人股东曾经通过新三板买入公司股票，持股量从 3 万股到 36 万股不等，持股成本为每股 9 ~ 15 元不等，在公司登陆中小板后，步入百万富翁的行列。

久其软件之所以能够成功登陆中小板，最大的原因在于公司的主营业务突出，发展状况良好，完全具备了上市的条件。尤其是经过新三板的洗礼，公司的治理结构更加规范，融资渠道被拓宽，而且也更加熟悉资本市场的运作规律，因此企业获得了快速的发展。比如在 2008 年的时候，公司年度报表管理软件的市场占有率达到了 22.5%，排名行业第一，而其他诸如 SAP、ORACLE、用友软件等主要竞争对手的市场占有率均在 10% 以下。

久其软件通过 IPO 成功登陆新三板，为新三板挂牌企业开辟了上市渠道，也刺激了挂牌企业的上市意愿，同时吸引越来越多的企业登陆新三板，这对于活跃整个新三板市场有很大的帮助。

三、北京安控科技股份有限公司实现转板上市

北京安控科技股份有限公司成立于 1998 年，2008 年 8 月 20 日在新三板挂牌。2010 年 12 月 8 日其首次申请获股东会议通过进入场内资本市场。2011 年 6 月 27 日，安控科技向证监会提交了创业板 IPO 申请，并于同年 7 月 5 日收到证监会受理通知书，公司股份从 7 月 6 日起暂停转让等候发审，2012 年 5 月 18

日顺利过会。此后，由于 IPO 暂停，公司上市一事被搁置，直至 2013 年 12 月 17 日公司 IPO 申请获股东会议二次通过。2014 年 1 月 3 日，安控科技首次公开发行并上市取得证监会核准。按照全国股份转让系统业务规则的规定，安控科技从 2014 年 1 月 9 日起终止挂牌。2014 年 2 月 23 日，安控科技正式登陆创业板，首次向社会公众发行 A 股 1345 万股，每股面值 1 元，每股的发行价格为人民币 35.51 元。其中，发行新股 495.57 万股，募集资金总额为 17597.6907 万元，实际募集资金净额为人民币 14906.446841 万元。

安控科技成为第 8 家向中国证监会申请首次公开发行股票并成功上市的新三板挂牌公司，也是全国股份转让系统 2012 年 9 月正式成立以来第一家通过 IPO 上市的挂牌公司。

北京安控科技股份有限公司是一家专业从事工业级 RTU 产品研发、生产、销售和系统集成业务的高新技术企业，企业发展前景很好，这是公司实现转板上市的重要条件。此外，在全国股份转让系统挂牌促进了安控科技的规范和发展，由于经过主办券商的尽职调查及挂牌后的督导，公司治理得到规范，信息披露义务得以履行，公司的知名度和美誉度得到提升，公司信用等级、融资能力得到相应提高，这为公司的长远发展奠定了良好的基础。

等到建立起便捷高效的转板机制后，企业就可以根据自身发展阶段、股份转让和融资等方面的不同需求，选择适合的市场转板上市。

第四章
新三板的投资业务与投资技巧

第一节　新三板市场投资主体

1. 机构投资者

机构投资者是我国目前新三板市场上的主要参与者。

一、机构投资者的资格要求

根据《全国中小企业股份转让系统投资者适当性管理细则（试行）》（2013年2月8日发布，2013年12月30日修改）第三条规定，"下列机构投资者可以申请参与挂牌公司股票公开转让：

（一）注册资本500万元人民币以上的法人机构；

（二）实缴出资总额500万元人民币以上的合伙企业。"

此外，该细则第四条规定："集合信托计划、证券投资基金、银行理财产品、证券公司资产管理计划，以及由金融机构或者相关监管部门认可的其他机构管理的金融产品或资产，也可以申请参与挂牌公司股票公开转让。"

二、机构投资者的特点

与个人投资者相比，机构投资者投资管理更为专业化，投资风险能够合理分散，而且其投资活动对市场的影响力较大。具体如下：

1. 投资管理专业化

机构投资者往往有雄厚的资金实力，能够有效地收集、分析、利用信息，并有专人负责分析挂牌企业的财务状况、经营能力、盈利能力等各项指标，其投资决策运作体系较为成熟。因而机构投资者的投资更为理性和专业，其成熟的投资理念更加有助于证券市场的良性发展。

2. 通过建立资产组合来有效分散风险

由于我国的新三板市场是一个新兴的证券交易平台，正处于逐步发展、完善的阶段，法律法规仍不健全，市场交易秩序有待规范，市场上存在较大的系统风险和非系统风险。机构投资者具有雄厚的资金实力，并且有专业人士对挂牌企业进行调查分析，不但可以通过 VAR 方法、灵敏度方法和压力试验等方法来预测风险的大小，还可以通过对不同发展阶段、不同行业的挂牌企业进行分散化投资，建立有效的投资组合。

3. 投资活动对市场的影响力较大

由于我国新三板市场仍处于试点阶段，为了有效防范资本市场风险，相关法规对投资者的资格作出了较为严格的限制，投资者门槛较高，投资主体较少，相比主板、中小板和创业板来说交易并不活跃。机构投资者是该市场的主要参与者，因此具体挂牌企业的投资活动对市场的影响力也较大。

2. 个人投资者

一、个人投资者的资格要求

以往，个人投资者限定于"原自然人股东""通过定向增资或股权激励持有公司股份的自然人股东"以及"因继承或司法裁决等原因持有公司股份的自然人股东"这三类，且"自然人股东只能买卖其持股公司的股份"。随着新三板市场的逐渐发展以及为扩大新三板市场的流动性，相关法规在很大程度上放松了对个人投资者的资格限制。《全国中小企业股份转让系统投资者适当性管理细则（试行）》第五条规定："同时符合下列条件的自然人投资者可以申请参与挂牌公司股票公开转让：

（一）投资者本人名下前一交易日日终证券类资产市值 500 万元人民币以上。证券类资产包括客户交易结算资金、在沪深交易所和全国股份转让系统挂牌的股票、基金、债券、券商集合理财产品等，信用证券账户资产除外。

（二）具有两年以上证券投资经验，或具有会计、金融、投资、财经等相关专业背景或培训经历。

投资经验的起算时点为投资者本人名下账户在全国股份转让系统、上海证券交易所或深圳证券交易所发生首笔股票交易之日。"

其次，第六条规定："下列投资者可以参与挂牌公司股票定向发行：

（一）《非上市公众公司监督管理办法》第三十九条规定的投资者；

（二）符合参与挂牌公司股票公开转让条件的投资者。"

二、个人投资者股份转让限售期规定

新三板市场对于个人投资者股份转让限售期的规定较为严苛，根据《全国中小企业股份转让系统业务规则（试行）》（自2013年2月8日起施行）规定："挂牌公司控股股东及实际控制人在挂牌前直接或间接持有的股票分三批解除转让限制，每批解除转让限制的数量均为其挂牌前所持股票的三分之一，解除转让限制的时间分别为挂牌之日、挂牌期满一年和两年。挂牌前十二个月以内控股股东及实际控制人直接或间接对持有的股票进行过转让的，该股票的管理按照前款规定执行，主办券商为开展做市业务取得的做市初始库存股票除外。因司法裁决、继承等原因导致有限售期的股票持有人发生变更的，后续持有人应继续执行股票限售规定。股票解除转让限制，应由挂牌公司向主办券商提出，由主办券商报全国股份转让系统公司备案。全国股份转让系统公司备案确认后，通知中国结算办理解除限售登记。"

3. 本节相关案例

一、PE机构投资同济医药

2013年12月20日，湖北药企武汉同济现代医药科技股份有限公司正式登陆新三板，而根据同济医药的股权结构可知，公司近四成的股权主要被三家投资机构瓜分，而且时间集中在2013年上半年。2013年4月初，公司控股股东李亦武将所持有的19%的股权以902.5万元的价格转让给武汉同济现代投资管理中心。4月底，深圳粤信资本股权投资合伙企业与武汉科技投资有限公司分别通过增资获得了同济医药15.5%、2.33%股权。

而早在这三家机构投资者投资同济医药之前，中国高新投资集团公司也在

2006 年以 250 万元增资认购了同济医药 4.32% 的股权，持股时间长达七年。

PE 投资同济医药并非个案，其实从 2013 年起，新三板的扩容以及 IPO 公司不断堆积，使得 PE 转变投资方向，从原来的成熟企业逐渐转向更具有成长性、规模可能更小但未来更辉煌的企业。因为新三板的出现和发展过程实际就是整个资本市场慢慢转型的过程，投资者想要在传统行业中寻找低风险、高成长的企业往往需要承受更大的成本，而且投资时间也更长一些。而企业转型、创新、发展新技术作为当前中国经济转型的重要动力，迎合了资本市场的需求，也是投资的重点方向，因此适时提前投资中小微企业符合 PE 本身的战略转型需求。

第二节　投资业务操作流程

1. 开立相关账户

一、开立证券账户

《全国中小企业股份转让系统主办券商管理细则（试行）》规定：主办券商代理投资者买卖挂牌企业股票，需要首先代理投资者开立证券账户。

根据《证券账户管理规则》，"投资者申请开立证券账户时，开户代理机构应当按规定采集投资者证券账户信息。投资者证券账户信息包括投资者姓名或名称、有效身份证明文件类型及号码等身份信息，出生日期、性别、机构类别、法定代表人等基本信息，联系电话、通讯地址、住所信息等联系信息，开户日期、开户方式等账户管理信息以及本公司规定的其他信息。

证券账户信息中的投资者姓名或名称、有效身份证明文件类型及号码为关键信息，其他信息为非关键信息。"

个人投资者申请开立证券账户时，必须由本人前往开户代办点填写《自然人证券账户注册申请表》，并提交本人有效身份证明文件及复印件。委托他人代办的，还需提供经公证的委托代办书、代办人的有效身份证明文件及复印件。

机构投资者申请开立证券账户时，必须填写《机构证券账户注册申请表》，并提交有效身份证明文件及复印件或加盖发证机关确认章的复印件、经办人有效身份证明文件及复印件。境内法人还需提供法定代表人证明书、法定代表人授权委托书和法定代表人的有效身份证明文件复印件。境外法人还需提供董事会或董事、主要股东授权委托书，以及授权人的有效身份证明文件复印件。开户代理机构应认真审核申请人所提供的开户注册资料，审核申请人身份证明文件是否有效、注册申请表所填写内容与身份证明文件相关内容是否一致。

二、开立资金账户

投资者开立证券账户后，需在证券营业部开立资金账户，然后才能进行股份转让。

个人投资者需提供本人身份证及复印件，深、沪证券账户卡及复印件。委托他人代办的，还需提供经公证的委托代办书，代办人身份证及复印件。若是代理人，还需与委托人同时临柜签署《授权委托书》，并提供代理人的身份证及复印件。

机构投资者应提供企业法人营业执照及复印件；法定代表人证明书；证券账户卡及复印件；法定代表人授权委托书和被授权人身份证及复印件；单位预留印鉴；预留企业同名银行回款账号。

此外，原股份报价转让结算账户停止使用，投资者在主办券商办理账户业务时可以一并办理三方存管资金结算业务，由中国证券登记结算有限责任公司负责资金结算，提供逐笔全额非担保交收服务。

2. 签订协议

投资者开立相关证券和资金账户之后，需要与主办券商签订《买卖挂牌公司股票委托代理协议》和《挂牌公司股票公开转让特别风险揭示书》。根据《全国中小企业股份转让系统投资者适当性管理细则（试行）》第十条规定，主办券商应当认真审核投资者提交的相关材料，并与投资者书面签署《买卖挂牌公司股票委托代理协议》和《挂牌公司股票公开转让特别风险揭示书》。投资者应抄录《挂牌公司股票公开转让特别风险揭示书》中的特别声明。

1. 签订《买卖挂牌公司股票委托代理协议》

在开立相关证券账户和资金账户后，投资者即可与主办券商签订《买卖挂牌公司股票委托代理协议》，明确双方的权利义务。

主办券商在与投资者签订《买卖挂牌公司股票委托代理协议》前,应当充分了解投资者的身份、财务状况、证券投资经验等相关情况,对不符合参与新三板市场投资资格要求的投资者,不与其签署《买卖挂牌公司股票委托代理协议》。同时评估投资者的风险承受能力和风险识别能力,就投资者参与报价转让业务给予专业意见,引导投资者审慎参与挂牌公司股票公开转让等相关业务。如认为不宜参与新三板市场股份转让业务的,可进行劝阻;不接受劝阻仍要参与的投资者,需自行承担一切后果和责任。

2. 签订《特别风险揭示书》

由于新三板市场特有的业务规则和特殊风险,投资者需签订《挂牌公司股票公开转让特别风险揭示书》。

对符合新三板市场投资资格要求的投资者,主办券商应着重向投资者说明投资风险自担的原则,向投资者详细讲解《特别风险揭示书》中的内容,应利用各种方式告知投资者全国股份转让系统业务规则及相关信息,使其充分了解全国股份转让系统的特点及客观存在的风险。应持续揭示投资风险,不得欺骗和误导投资者,不得利用自身的技术、设备及人员等业务优势侵害投资者合法权益。

根据《全国中小企业股份转让系统挂牌公司股票公开转让特别风险揭示书》的内容,投资者在签订《特别风险揭示书》之前,应认真阅读并理解文件中揭示的特别风险,并从自身风险承受能力等实际情况出发,承诺自行承担投资风险。由于我国新三板市场目前正处于试点阶段,相关法律制度还在不断修订和完善中,还需投资者密切关注相关制度的更新和调整。

3. 委托成交

签订《买卖挂牌公司股票委托代理协议》和《挂牌公司股票公开转让特别风险揭示书》等相关协议后,投资者即可通过主办券商实现委托报价。根据《全国中小企业股份转让系统业务规则(试行)》规定:"股票转让可以采取协议方式、做市方式、竞价方式或其他中国证监会批准的转让方式。经全国股份转让系统公司同意,挂牌股票可以转换转让方式。"

1. 协议转让方式

协议转让方式最初是指买卖双方协商一致,委托主办券商向全国股份转让系统确认成交的一种转让方式。为了方便投资者交易，逐步引入投资者发布定价委托、对手方点击成交的"一对多"的改良模式以及未成交定价委托的收盘自动匹配机制。

协议转让方式主要有三种成交模式：一是买卖双方在场外协商一致，委托主办券商递交成交确认申报进行确认成交；二是投资者不确定交易对手方，委托主办券商进行定价申报，有成交意愿的投资者通过在主办券商交易终端"点击"的方式进行成交确认申报与之确认成交；三是未成交定价申报收盘时自动匹配成交，即在每个转让日的收盘阶段按照时间优先原则，将证券代码和申报价格相同、买卖方向相反的未成交定价申报进行匹配成交。

2. 竞价转让方式

股票竞价转让又被称为集中竞价交易，是指产权出让时通过公开征集，产生复数以上的意愿受让人，采用竞争交易的方式，通过价格或受让条件的差异来选择受让方的过程。

竞价转让方式分为集合竞价和连续竞价两种方式，集合竞价是指对一段时间内接受的买卖申报一次性集中撮合的竞价方式。而连续竞价指的是买卖申报逐笔连续撮合的竞价方式。股票转让如果采取竞价转让方式，那么依照规定，每个转让日的9：15~9：25为开盘集合竞价时间，9：30~11：30、13：00~14：55为连续竞价时间，14：55~15：00为收盘集合竞价时间。

3. 做市转让方式

2014年8月，新三板交易支持平台转让功能上线后，引入了传统竞争性做市商制度，即由两家以上做市商为公司提供做市报价服务。做市商制度是指在证券市场上由具备一定实力和信誉的独立证券经营法人作为特许交易商，不断向公众投资者报出某些特定证券的买卖价格（即双向报价），并在该价位上接受公众投资者的买卖要求，以其自有资金和证券与投资者进行证券交易。买卖双方不需等待交易对手出现，只要有做市商出面承担交易对手方即可达成交易。

做市转让方式有两个特点，一是所有客户委托单都必须由做市商用自己的账户买进卖出，客户委托单之间不直接进行交易。二是做市商必须在客户发出委托单之前提出买卖价格，而投资者在看到报价后才会给出委托单。

挂牌公司可以依据自身情况，选择不同的转让方式，此外，挂牌公司还可以转换和变更转让方式，只要提出申请并经过全国股份转让系统公司同意即可。

4. 清算交收

投资者通过主办券商进行委托成交后，由中国证券登记结算有限公司负责办理清算和交收。

一、清算

每个转让日日终，中证登根据全国股份转让系统的挂牌公司股份转让成交数据，逐笔清算主办券商的证券及资金，清算完成后，向相关主办券商发送清算数据。

二、交收

根据《全国中小企业股份转让系统股份登记结算业务指南（适用于原报价转让系统）》（2013 年 2 月 8 日），中国证券登记结算有限公司按照"货银对付"的原则，对全国股份转让系统的成交进行逐笔全额非担保交收。

全国股份转让系统成交的股份和资金的最终交收时点为 T + 1（T 日为转让日）16：00，主办券商应确保在最终交收时点有足额的股份和资金用于交收。股份和资金均足额的，中证登将相关买入资金由买入方主办券商的结算备付金账户划入卖出方主办券商的结算备付金账户；同时将相关股份由卖出方投资者证券账户代为划入卖出方主办券商证券交收账户，再划入买入方主办券商证券交收账户，并代为划入买入方投资者证券账户。其中一方股份或资金不足额的，视为交收失败，不办理相关股份和资金的交收。

T + 1 日晚交收处理完成后，中证登向主办券商发送交收结果数据。主办券商可通过股份结算信息库查看证券交收情况，包括交收失败的原因，通过资金结算信息库查看机关资金交收的情况。

若因股份或资金不足造成 T 日托牌公司股份交收失败的，由结算参与人承担交收失败的责任。同时，中证登将按照相关管理办法，将此作为结算参与人的不良记录记入诚信档案。

5. 信息发布

　　股份转让完成后，股份转让系统、行情软件、主办券商营业场所会公布最新的报价和成交信息，供投资者查阅。"报价信息包括：委托类别、证券名称、证券代码、主办券商、买卖方向、拟买卖价格、股份数量、联系方式等。成交信息包括：证券名称、成交价格、成交数量、买方代理主办券商和卖方代理主办券商等。"

6. 本节相关案例

一、新三板协议转让股票信息发布（2015 年 12 月 15 日）

证券代码	证券简称	成交价格（元）	成交数量（股）
832540	康沃动力	11.65	1000.00
买方证券账户名称			买方主办券商证券营业部
牛朝军			广发证券昆山前进东路
卖方证券账户名称			卖方主办券商证券营业部
刘言刚			中山证券有限责任公司上海东园路证券营业部

证券代码	证券简称	成交价格（元）	成交数量（股）
833914	远航合金	6.80	1000.00
买方证券账户名称			买方主办券商证券营业部
刘高峰			宏信证券成都人民南路营业部
卖方证券账户名称			卖方主办券商证券营业部
马慧敏			宏信证券成都人民南路营业部

证券代码	证券简称	成交价格（元）	成交数量（股）
430015	盖特佳	2.00	5000.00
买方证券账户名称			买方主办券商证券营业部
邵方			长江证券股份有限公司上海番禺路证券营业部

卖方证券账户名称		卖方主办券商证券营业部
武汉曼达易资产投资管理有限公司		华泰证券武汉青年路证券营业部

第三节 投资与退出方式

1. 挂牌前的融资阶段

一、有限责任公司阶段

在初创期，由于受到资金、规模等因素的限制，中小微企业一般为有限责任公司，资金来源一般为创立者的原始初次投入，基本上不具备"外源性"融资能力（包括债券与股权）。经过一段时间的持续发展：一方面，基于对自身未来发展前景的乐观预期与美好愿景，中小微企业会在盈利的情况下，刻意压低分红比例甚至是取消分红，将每个会计年度的净利润留存在公司内部进行转增资本公积与注册资本的财务处理，从而完成"内源性"融资；另一方面，通过各种方式与渠道，中小微企业会不断地向外界传递出关于盈利能力与成长能力的一系列"利好信息"，从而吸引其他看好企业未来发展前景的各类战略投资者（在现实中，此时引入的大多数为自然人股东），从而完成"外源性"融资。在这个阶段，中小微企业一般会利用"内源性"所有者权益积累与"外源性"股权融资两种方式完成与达到改制前的增资扩股过程与目的，为下一步的改制工作做好前期必要的铺垫与准备，进而实现中小微企业的"第一次飞跃"。

二、股份有限公司阶段

在完成了"第一轮次"的增资扩股后，伴随着自身实业的进一步发展，为了能够利用新三板市场进行合理、高效的资本运作，中小微企业可以在一定的运作条件与规范制度下，股份有限公司制将取代原有的有限责任公司制。在成为股份有限公司后，由于进一步强化与规范了公司治理结构与信息披露机制，因此比在有限责任公司的状态下，中小微企业能够更加容易而充分地利用各种融资手段与渠道助力自身实业的发展与扩张。在这个阶段，中小微企业的股份价值更加显性与公开，更加便于公司股东对所持股份的流转，更加便于吸引专业的战略投资者进入［在现实中，此时引入的大多数为 VC（风险投资）］，中小微企业可以高效而规范地完成新三板市场挂牌前的各种准备工作，进而实现中小微企业的"第二次飞跃"。

2. 挂牌后的融资阶段

一、挂牌

在完成改制与"第二轮次"的增资扩股后，伴随着自身实业的深入发展，中小微企业一方面可能需要继续引进更多的专业投资者［在现实中，此时引入的大多数为 PE（私募股权投资）］进行挂牌前的"最后一轮次"的增资扩股，从而促进与推动公司治理与信息披露的完善与合规；另一方面，需要寻找与筛选适合的主办券商对其进行挂牌前的相关辅导，进而根据股份有限公司申请挂牌的相关条件对企业进行全方位的系统改造与深入整理。当条件具备后，拟挂牌企业将按照《全国中小企业股份转让系统业务规则（试行）》的相关规定，与主办券商签订推荐挂牌并持续督导协议，并且与全国股份转让系统公司签署挂牌协议，明确双方的权利、义务和有关事项，与中国证券登记结算有限责任公司签订证券登记及服务协议，办理全部股票的集中登记，依照全国股份转让系统公司的规定披露公开转让说明书等文件，按照全国股份转让系统公司的有关规定编制申请文件，并向全国股份转让系统公司申报（股东人数超过二百人的股份有限公司，公开转让申请需要先经过中国证监会核准），在取得全国股份转让系统公司同意挂牌的审查意见后，按照全国股份转让系统公司规定的有关程序办理挂牌手续。在一般情况下，从材料申报开始的 40 个工作日内，中小微企业就可以完成在新三板市场上的挂牌，进而实现中小微企业的"第三次飞跃"。

二、增发

在新三板市场挂牌以后或者同时，中小微企业均可以通过路演与询价的方式，向符合条件的对象发行股票，并且在取得中国证监会核准文件后，按照相关规定办理挂牌手续。基于这样的规则设计与制度安排，可以确保中小微企业根据自身实业发展对资金的实际需求，更加灵活地利用新三板市场增发新股从而实现再融资的目的。由于利用了新三板市场，因此这一轮次的增资扩股与中小微企业在挂牌前进行的增资扩股有着本质的区别。通过该市场，中小微企业只要符合相关的条件，就可以在相对较低的条件下，在相对宽松的环境中，以充分公开与相对公允的价格完成股权融资，进而实现中小微企业的"第四次飞跃"。

三、转板

中小微企业自挂牌后就正式进入了中国的"多层次"资本市场。从理论上讲，"多层次"资本市场的设计与构建和企业的发展阶段与融资需求是相互适应与逐级匹配的。如果中小微企业能够合理、有效的利用新三板市场使自身实力得到不断地发展与壮大，经过一段时间各种市场力量的考察与检验，在股本总额、股权分散程度、信息披露、公司治理、规范经营与财务指标等方面均符合《证券法》中规定的股票上市条件时，其就可以自主选择向中国证监会申请公开发行股票并在证券交易所上市，或向证券交易所申请股票上市，当中国证监会核准其公开发行股票并在证券交易所上市，或证券交易所同意其股票上市时，其终止在新三板市场挂牌，同时在其他更高层次的证券市场中上市交易完成"向上转板"，进而实现中小微企业的"第五次飞跃"。

3. 本节相关案例

一、公司分红现金补偿

2014 年 1 月 22 日，易世达披露股份公开转让说明书显示，2012 年 3 月易世达完成了一轮增资，引入 2 名机构投资者，其中，钟山九鼎以货币资金 1648.75 万元，认缴 152.37 万元注册资本；湛卢九鼎以货币资金 851.25 万元，认缴 78.67 万元注册资本。增资完成后易世达占股前两位的股东及新增股东的占股比例为：52.27%、24.60%、9.76%、5.04%。

增资同时，新增股东与占股前两位的股东段武杰、周继科签署对赌协议，约定公司在 2011 年至 2013 年间，净利润分别不得低于 2500 万元、3300 万元、4300 万元，同时 2012 年、2013 年实现净利润累计不低于 7600 万元，如未能达成，将对投资方进行现金补偿，如股东现金补足，则要求易世达进行分红以完成补偿。

同时也约定了退出机制：若易事达 2014 年 6 月 30 日前未提交发行上市申报材料并获受理；2014 年 12 月 31 日前没有完成挂牌上市；且 2011 年实现净利润低于 2000 万元，或者 2012 年实现净利润低于 2600 万元，或者 2013 年实现净利润低于 3400 万元，新增投资机构有权选择在上述任一情况出现后要求公司及段武杰、周继科以约定价款回购或购买其持有的全部或部分易事达股权。

2013 年为了不影响易世达在新三板挂牌，对赌协议双方分别发表承诺并签署补充协议，补充协议主要包括：1. 当易世达向全国中小企业股份转让系统申报挂牌材料之日起豁免对赌协议所约定的责任和义务；2. 当易世达向全国中小企业股份转让系统申报挂牌材料之日起投资方放弃可以要求公司及原股东回购或受让投资方所持有股份的权利；3. 投资方转让所持公司股份是，价格不低于经审计的每股净资产；4. 若易世达未能挂牌，补充协议约定放弃的权利自动恢复。

控股股东承诺内容为：承诺全部承担增资方基于《增资补充协议》提出的一切包括但不限于支付业绩补偿、差额补偿及/或转让股份的责任与义务，确保公司及其他股东不因上述《增资补充协议》的履行而遭受任何损失。

投资方承诺内容为：根据《增资补充协议》，当增资方向第三方转让股权时，根据买方需要，可要求易事达股东段武杰、周继科也以增资方转让的同等条件转让一部分股权。对此，增资方承诺自公司向股转公司报送申请材料之日起放弃上述权利。

根据券商核查，由于在 2012 年未能完成业绩约定以及 2013 年可能不能完成业绩约定，截止 2014 年 3 月，大股东段武杰、周继科需向增资方支付的补偿金额合计 2712.38 万元至 2991.45 万元之间。

中介机构通过对大股东的自由资产进行核查，根据公司股权结构、利润分配政策、累计未分配利润数量以及公司持有现金状况，分析大股东可通过现金分红的形式获得的金额。证明公司股东段武杰、周继科能够在不对公司股权结构产生不利影响的前提下通过自有资金及获取公司分红偿付相关对赌约定款项。同时根据补充协议的约定，在挂牌时解除协议双方的责任与义务。

二、挂牌成功后解除对赌

2014 年 1 月 22 日，欧迅体育披露股份公开转让说明书显示，2013 年 5 月 23 日公司进行第三次增资时，新增股东上海屹和投资管理合伙企业（有限合伙）、上海鼎宣投资管理合伙企业（有限合伙）、上海棕泉亿投资合伙企业（有限合伙），上述股东合计以 850 万元认缴新增注册资本 13.333 万元。

增资同时上述新增股东与欧迅体育实际控制人朱晓东签署了现金补偿和股权收购条款，对业绩的约定为：1. 2013 年年度经审计的扣除非经常性损益的净利润不低于人民币 760 万元；2. 2014 年年度经审计的扣除非经常性损益的净利润不低于人民币 1140 万元；3. 2013 年和 2014 年两年的平均利润扣除非经常性损益的净利润不低于人民币 950 万元。

但同时也约定在欧迅体育向全国中小企业股份转让系统有限责任公司提交新三板挂牌申请之日起，投资人的特别条款自行失效，投资人依该等条款所享有的特别权利同时终止。增资完成后，控股股东朱晓东和新增资三家投资机构股份占比分别为：65.7%、5.88%、3.53%、0.59%。

律师认为投资协议的签署方为控股股东朱晓东和新增投资机构，对欧迅体育并不具有约束力，投资协议中并无欧迅体育承担义务的具体约定。此外，触发条款的履行将可能导致实际控制人朱晓东所持有的欧迅体育的股权比例增加或保持不变，不会导致欧迅体育控股股东、实际控制人的变更。

第四节　新三板市场的价值发现

1. 新三板行业分析

一、新三板的高新技术特征

高新技术企业是指在国家颁布的《国家重点支持的高新技术领域》范围内，持续的进行研究开发与技术成果转化，形成企业的核心自主知识产权，并且以此为基础开展经营活动的居民企业，是一种知识密集、技术密集的经济实体。创新能力是企业竞争能力的一个重要体现，高新技术类企业作为我国经济与技术发展的中坚力量日益发展壮大，并引领着我国经济的发展。我国的高新技术产业包括了医药制造业、航天航空器制造业、电子及通信设备制造业、电子计算机及办公设备制造业、医疗设备及仪器仪表制造业等。

"十二五"产业技术创新规划中明确指出，要全面贯彻落实科学发展观，把技术创新作为走新型工业化道路的重要支撑，坚持企业主体、政策引导；重点突破、总体提升的原则，推进以企业为主体、产学研结合的技术创新体系建设，着力突破重点领域关键和共性技术，增强产业核心竞争力，提升产业整体技术水平，实现工业发展方式转变。目标是到 2015 年，我国工业和信息化重点领域产业技术创新取得重大突破，掌握一批具有自主知识产权的核心技术和关键技术，部分领域产业技术水平处于世界前列。其中着重强调了对于节能环保、信息技术、生物、新材料、新能源、先进制造等战略性高新技术领域的扶持，提高产业核心竞争力。并通过建立统筹协调机制、加大资金投入力度、发挥政策引导作用、完善技术标准体系、扩大国际科技合作、加大人才培养力度等各项措施保障产业技术创新工作的开展。

新三板主要面向的是高新技术园区内的，具有自主核心技术，且核心技术对公司收入及利润已有一定贡献的公司。主要涉及以下几个行业：新材料、新能源、信息技术、通信设备、电力设备、其他设备、生物医药、新农业、节能环保、其他行业。目前信息技术、通信及其他专用设备是新三板中的主流行业，而新农业、新能源、新材料等新兴产业的挂牌公司近年来不断涌现，但由于总体数量较少，占比仍较小。在国家的大力政策扶持下，这些行业都享受到了一定的政策优惠，具备广阔的发展前景。

2. 新三板企业具备的产业特点

新三板内大部分企业是信息技术企业，其次是制造业，不同行业的发展前景和吸引力有所不同。不同产业和所属行业对企业的影响是多环节、多方面的，可以提炼出众多的影响变量，这些影响变量之间并不是相互独立，而是相互影响和作用的，甚至有的在内涵上还存在着一定的交叉。根据以往的研究文献，可以总结为产业规模、行业盈利水平、行业竞争规则、行业竞争格局和集中度、产业变革、行业生命周期、产业定位等变量。

1. 产业容量。从理论上来讲，产业规模由市场规模决定，但产业规模又在一定程度上影响市场规模。从实践角度，一定时间条件下，产业规模在数量上与市场规模是同一的，产业规模决定了企业的成长空间，只有大产业才能孕育大企业。

根据新三板企业公布数据和证监会行业分类标准，如果以1000亿作为大产业的标准，则符合大产业要求的企业占比并不高。其中制造业中的设备制造业板块和电子元器件行业，出现大企业（年营业收入百亿元以上）的概率较高。信息技术业中的一些行业以及制造业中的医药行业等，由于内部细分程度较高，大部分企业通常只能在细分空间内生存，除了极少数行业整合者之外，成为大企业的概率较小。而从新三板公司经营规模与行业的关联来看，新能源产业最有潜力。

2. 行业竞争规则与竞争格局。不同行业对应不同需求，为顾客提供不同的价值，这些价值的性质和特点互不相同。因此不同行业间存在着不同的竞争规则，例如有的行业是成本领先，有的是寻求差异化，有的是规模为大，有的则是范围为尊；在驱动力方面，有资金驱动型、技术驱动型、文化驱动型等等。行业竞争规则无疑会深刻影响企业的商业模式和成长性。而行业内的竞争格局决定了企业的成长路径；行业中现有的战略群组结构，也将深刻影响企业的战略定位和选择。

在新三板企业中，少部分对自身所处产业的集中度作了说明，这之中的大部分认为自身处于集中度较低的行业。从一般意义上说，产业集中度高说明行业竞争格局稳定，产业机会相对较小说明新三板企业在行业内还有较大的成长空间。而在这之中，高成长性产业又主要集中于新能源、新材料、芯片和计算机服务等领域。

3. 新兴战略产业

新兴战略产业属于国家政策重点支持的产业。《国务院关于加快培育和发展战略性新兴产业的决定》（国发〔2010〕32号）中，确定了未来加快培育七大先导产业和支柱产业：节能环保产业、新一代信息技术产业、生物产业、高端装备制造产业、新能源产业、新农业产业、新能源汽车产业。据统计，新三板企业中属于七大战略产业的公司约占90%以上。充分说明新三板符合新兴战略产业发展政策，并蕴含了众多的优秀企业。

4. 产业盈利空间。不同行业在同一时间显然具有不同的利润水平，这是行业差异的主要方面，也是影响该行业内企业盈利水平的主要变量。影响行业盈利水平的因素主要包括生产能力形成机制和产业价值创新可能性等。

5. 产业定位。产业所处的位置是上游、中游还是下游，对于企业的竞争优势和盈利模式有重要的影响，同时还关系到企业的产业延伸战略和企业的成长性。

在新三板企业中，只有少数几家面向消费者提供产品和服务，绝大部分是面向企业提供中间产品（原料、零部件、设备等）的供应商。我国消费品领域市场和产业空间巨大，需求形态丰富且变化速度快，应孕育出更多面向终端消费者的企业。

6. 产业变革及发生技术和消费等革命的可能性。产业的变革，意味着产业内的一次震荡和重组，意味着竞争规则的改写甚至根本性变化。

我国正处于产业结构调整期，无论是全球外部环境还是国家政策都将深刻改变我国的产业和技术现状，这对于在竞争中起伏颠簸的新三板中小企业来说，既是成长中的机遇，也可能是巨大的挑战。

7. 行业生命周期。行业处于生命周期的不同阶段，其规模、盈利水平、参与者及竞争结构等属性也将有所不同，构成了企业成长的动态背景，对企业生命周期影响也较大。

新三板企业所属产业多处于高速成长期，成长空间巨大。

3. 高新技术企业业绩评价特点

高新技术企业具有独有的特点。一是发展动力主要来源于知识、智力等无形资产；二是产品科技含量和附加值高，利润率较高；三是研发上投入高，期待通过技术上的优势获得高回报；四是市场风险和技术风险较大；五是人员流动性大。

目前，新三板重点服务于科技含量高、处于初创期且增比速度较快的企业。一方面，新三板企业大部分具备明显的高新技术特征；另一方面，以高新技术企业为主的新三板企业往往处于初创期，且初始投资较大，收益较为不稳定，尤其新三板对企业并没有在盈利状况和企业规模方面作出明确限制，很多企业处于亏损状态。最后，新三板企业普遍具备良好的成长条件，其中营业收入同比上升的公司占比约七成，总体营收和净利润分别增长 22% 和 6.1%，明显优于 A 股公司 7.4% 和 −0.5% 的业绩。由此可以看出，高新技术企业能够集中反映新三板发展的状况，因此可以以高新技术企业尤其是初创阶段高新技术企业的发展状况作为新三板企业考察重点。

　　评价新三板企业以及其他初创期和成长期的高新技术企业的经营业绩，不能仅依靠传统评价模式，还应根据上述特点修改指标体系。一是应关注企业的成长潜力，这里高成长性体现为"成长流量"和"成长流量比"两个指标，其中，成长流量 = 每股收益 + 每股研发费用，成长流量比 = 股价/成长流量，成长流量比可以很好替代评价传统企业的市盈率指标；二是应关注企业的创新能力，而创新来自于研究开发，即使用研发投入考核企业的创新投入和创新能力，包括了研发投入增长率、科技人员待遇等；三是更要关注企业的资金周转能力，用来衡量企业的资金使用效率，而不是传统企业的固定资产周转率、存货周转率等指标；四是要关注企业的获利能力，通过净资产收益率等指标进行衡量；五是应关注企业的负债率异动情况，高新技术企业成长初期需要投入大量资金购买技术设备进行技术研发等，在我国现行的融资环境下，企业依然主要通过银行获取短期流动资金贷款，导致企业的短期偿债风险较大，因此应关注企业短期偿债能力评价指标；最后还要注意企业的主营业务收入，通过该指标判断企业是否是真正的高新技术企业以及是否具有清晰的技术发展导向。

4. 本节相关案例

一、九鼎投资首挂新三板，收购 A 股公司

　　自 2010 年成立至今仅仅 5 年时间，九鼎所管理的人民币基金量冲破 300 亿元，投资团队近 500 人，无论其管理的基金量还是投资团队规模均居投资行业前列。2014 年 4 月，九鼎成功成为首家新三板挂牌 PE 机构。2015 年 5 月，九鼎投资再发奇招，以 41.5 亿元拍得江西中江集团 100% 股权，从而控股其旗下 A 股上市公司中江地产，九鼎投资成为首家控股 A 股上市公司的新三板企业及 PE 机构。清科集团私募通统计数字显示，其所投企业新三板挂牌数量达到 30 家，另有 17 家登陆 A 股，综合 IRR（内部收益率）为 30.1%。

九鼎投资挂牌后，充分利用新三板的融资功能，先后三次定向增发（第三次正在进行中）总募集资金 182.86 亿元，借助金融市场管制放松的契机，设立九泰基金，控股九州证券，成立 P2P 平台九信金融、武曲星，迅速拿下公募基金、证券公司的牌照，并逐步拓展到个人风险投资、互联网金融、国际基金以及民营银行领域，综合性管理帝国渐露雏形。

二、新三板拟挂牌企业的股权投资成为基金公司业务新蓝海

2015 年 10 月 19 日，多尔克司挂牌新三板。公开转让说明书显示，其主营业务为奶牛规模化养殖和生鲜乳供应，于 2015 年 6 月增资时接受了万家基金子公司万家共赢资产管理有限公司的入股，并注明：万家共赢以其管理的专项资管计划"万家共赢万家资本新三板股权投资 1 号"与"万家共赢万家资本新三板股权投资 2 号"入股。两只产品合计投资 1000 万元，占多尔克司挂牌前股权比例约为 1%。这意味着，多尔克司成为首家已挂牌新三板且在挂牌前有资管产品入股的企业。

在非标信托产品刚兑预期打破，货币基金产品收益持续走低，二级市场持续震荡的背景下，股权投资类资管产品为财富管理机构提供了一个重要业务方向。

第五章
新三板的监管部门

第一节　主办券商

1. 主办券商的主要责任

主办券商应该根据中国证监会有关规定以及《全国中小企业股份转让系统投资者适当性管理细则（试行）》要求，制定投资者适当性管理实施方案，建立健全工作制度，完善内部分工和业务流程，并报全国中小企业股份转让系统有限责任公司备案。

具体的责任有以下这些：

1. 应当履行投资者适当性管理职责，对投资者的身份、财务、经验、风险进行了解和评估，并做好针对投资者的风险揭示、知识普及、服务工作，引导他们的投资行为。

2. 认真审核投资者提交的材料，并与投资者书面前述《买卖挂牌公司股票委托代理协议》和《挂牌公司股票公开转让特别风险揭示书》。投资者如果不配合主办券商的工作，提供虚假信息，主办券商可以拒绝为其办理挂牌公司股票公开转让相关业务。

3. 主办券商妥善保管投资者的档案资料，除了依法配合调查和检查外，还要做好保密工作。

4. 主办券商应当保存业务办理、投资者服务过程中风险揭示的语音或影像留痕。

5. 主办券商一旦发现客户交易违法违规或者存在异常交易行为，应该及时提醒客户，并向全国股份转让系统公司报告。全国股份转让系统公司对投资者的异常交易行为提出警告时，主办券商应与投资者联系，告知全国股份转让系统公司提出的监管要求和采取的监管措施。一些异常交易行为会受到全国股份转让系统公司的限制，主办券商应当予以配合。

6. 主办券商应为投资者提供合理的诉讼渠道，制定专门部门受理投诉，妥善处理与投资者的矛盾纠纷，并认真做好记录工作。

如果主办券商及其相关业务人员违反规定，全国股份转让系统公司可以依据相关规定采取相应的监管和处分措施。

2. 主办券商的任职资格

《证券公司从事代办股份转让主办券商业务资格管理办法》（中证协发〔2002〕194 号）第七条对主办券商的任职资格作了明确规定，证券公司如果想要申请业务资格，必须同时具备下列条件：

1. 具备协会会员资格，遵守协会自律规则，按时缴纳会费，履行会员义务；经中国证券监督管理委员会批准为综合类证券公司或比照综合类证券公司后运营一年以上；同时具备承销业务、外资股业务和网上证券委托业务资格。

2. 最近年度净资产不低于人民币 8 亿元，净资本不低于人民币 5 亿元；经营稳健，财务状况正常，不存在重大风险隐患；最近两年内不存在重大违法、违规行为；最近年度财务报告未被注册会计师出具否定意见或拒绝发表意见。

3. 设置代办股份转让业务管理部门，由公司副总经理以上的高级管理人员负责该项业务的日常管理，至少配备两名有资格从事证券承销业务和证券交易业务的人员，专门负责信息披露业务，其他业务人员须有证券从业资格；具有 20 家以上的营业部，且布局合理。

4. 具有健全的内部控制制度和风险防范机制。

5. 具备符合代办股份转让系统技术规范和标准的技术系统。

6. 协会要求的其他条件。

由于全国中小企业股份转让系统对主办券商业务实行分类管理，证券公司可以根据自己情况与意愿，向全国股份转让系统公司提出从事部分或者全部业务的备案申请，因此，新三板主办券商须具备以下资格。

1. 推荐业务资格

根据《全国中小企业股份转让系统主办券商管理细则（试行）》中的规定，证券公司申请在全国股份转让系统从事推荐业务资格，应当具备下列条件：具备证券承销与保荐业务资格；设立推荐业务专门部门，配备合格专业人员；建立尽职调查制度、工作底稿制度、内核工作制度、持续督导制度以及其他推荐业务管理制度；全国股份转让系统公司规定的其他条件。

需要注意的是，证券公司的子公司具备证券承销与保荐业务资格的，证券公司可以申请从事推荐业务，但不得与子公司同时在全国股份转让系统从事推荐业务。

2. 经纪业务资格

证券公司申请在全国股份转让系统从事经纪业务应该具备以下条件：具备证券经纪业务资格；配备开展经纪业务必要人员；建立投资者适当性管理工作制度、交易结算管理制度及其他经纪业务管理制度；具备符合全国股份转让系统公司要求的交易技术系统；全国股份转让系统公司规定的其他条件。

3. 做市业务资格

证券公司申请在全国股份转让系统从事做市业务应具备以下的条件：具备证券自营业务资格；设立做市业务专门部门，配备开展做市业务必要人员；建立做市股票报价管理制度、库存股管理制度、做市风险监控制度及其他做市业务管理制度；具备符合全国股份转让系统公司要求的做市交易技术系统；全国股份转让系统公司规定的其他条件。

3. 取得主办券商资格的程序

依据《全国中小企业股份转让系统主办券商管理细则（试行）》的规定，证券公司获取业务资格的程序主要分为以下三步：

1. 提交申请书和相关文件

证券公司应当按照全国股份转让系统公司规定的方式和要求提交申请书、

公司设立的批准文件、公司基本情况申报表、《经营证券业务许可证》（副本）复印件、《企业法人营业执照》（副本）复印件、申请从事的业务及业务实施方案（部门设置、人员配备与分工情况说明、内部控制体系的说明、主要业务管理制度、结束系统说明）、最近年度经审计的财务报表和净资本计算表、公司章程、全国股份转让系统公司要求提交的其他文件。

2. 受理审查

证券公司备齐申请文件，全国股份转让系统公司予以受理，全国股份转让系统公司一旦同意备案，自受理之日起 10 个转让日内与证券公司签订《证券公司参与全国中小企业股份转让系统业务协议书》。

3. 出具业务备案函，并予以公告

证券公司与全国股份转让系统公司签署《证券公司参与全国中小企业股份转让系统业务协议书》，全国股份转让系统公司出具主办券商业务备案函，并予以公告。公告后，主办券商可在公告业务范围内开展业务。

4. 主办券商的持续督导

持续督导是指主办券商遵循勤勉尽责、诚实守信的原则，对与之签订《持续督导协议》的新三板挂牌公司的日常经营、持续运营特别是公司治理、信息披露等方面进行专业的规范、引导和督促，使之符合国家法规，符合监管部门的要求。同时便捷自律地熟悉、遵循并适应新三板市场的运行规范，更好地与投资者互动和成长。

在全国股份转让系统主办券商制度下，主办券商在公司挂牌期间履行持续督导义务主要体现在几个方面：指导和督促挂牌企业规范履行信息披露义务，对其信息披露文件进行事前审查；指导和督促挂牌公司完善治理机制，提高规范运作水平；对挂牌公司董事、监事、高级管理人员及其他信息披露义务人进行培训；现场检查挂牌公司信息披露和公司治理情况；发现挂牌公司出现不规范行为，应及时向全国股份转让系统公司报告，依据具体情况发布风险警示公告。

主办券商的持续督导有利于完善公司治理结构，提高公司规范运作水平，增强市场信心，保护投资者的合法权益，并为发行制度"注册制"改革奠定基础、积累经验。此外，有助于发挥市场的培育功能，帮助挂牌公司尽快熟悉资本市场，为其持续发展奠定基础。而且由于优先为挂牌公司提供融资、做市、并购重组等资本市场服务，同时建立了主办券商权责利相统一的市场化激励约束机制，从而促使主办券商推荐有发展潜力的企业挂牌，与中小企业共同成长。

虽然持续督导制的推行对挂牌企业、主办券商和市场都有积极的影响，但是由于缺乏制度化的法律约束力、缺乏持续督导效果的评价机构和标准、缺少主办券商持续督导的利益动力，在实际业务中，持续督导常常流于形式，普遍存在"重推荐挂牌，轻持续督导"的现象。导致执业人员专业能力较差、工作麻痹大意，业务风险比较大。而且公司没有相应的业务条线和完善的内控制度，缺乏必要的监督机制和复核机制，因此持续督导制度需要得到完善。

首先，要提升持续督导工作指引的法律层级。比如中国证监会出台持续督导的管理办法，提高对券商的硬性规定，并加强对主办券商的持续督导工作的业务监管，切实提高挂牌公司的合规运作水平，将督导落到实处。

其次，组织确立评价机构、制定评价标准、组织评价等等具备持续督导效果的行业评价机制，发挥证券行业自律监管作用。

再次，尽快出台新三板转板的绿色通道制度，加大并提前实现挂牌企业在后续业务中持续盈利的可能性。从而促使券商、企业更加努力提升公司资质，以加强规范运作，为日后的转板融资奠定基础。

5. 本节相关案例

一、天佑铁道更换主办券商

2013 年 12 月 6 日，上海天佑铁道新技术研究所股份有限公司与海通证券股份有限公司签订《推荐挂牌并持续督导协议书》，2014 年 4 月 11 日，公司获准在全国中小企业股份转让系统挂牌公开转让，纳入非上市公众公司监管。

2014 年 12 月 3 日，公司发布董事会会议决议，公布《关于公司与海通证券股份有限公司解除持续督导协议的议案》，天佑铁道的公告称："鉴于公司战略发展需要及慎重考虑，经与海通证券充分沟通与友好协商，双方决定解除持续督导协议。"而在解除持续督导协议之后，天佑铁道将主办券商由海通证券更换为中山证券。

虽然天佑铁道在公告中明确声明海通证券在为公司持续督导期间，能够按照相关法律法规及协议协定勤勉尽责，诚实守信地对公司履行持续督导业务，公司在持续督导期间，治理机制及信息披露情况较好，能够配合主办券商的持续督导工作，依法履行信息披露义务，真实、准确、完整、及实地披露信息，不得虚假记载、误导性陈述或者重大遗漏，但据业内人士透露，主办券商无法履行之前的承诺是企业更换主办券商的原因之一。另外，券商的服务能力也是企业是否满意券商督导的一个很重要因素。

第二节　新三板中的监管支持机构

1. 全国股份转让系统公司

全国股份转让系统公司为全国股份转让系统运营管理机构，负责组织和监督挂牌公司的股票转让及相关活动，制定并完善业务规则体系，建立市场监控系统，完善风险管理制度和设施，保障技术系统和信息安全，切实履行自律监管职责。

由于新三板的规则和制度，绝大多数都是以全国股份转让系统公司的名义颁布的，故而全国股份转让系统公司是新三板市场制度和规则的"立法者"，它主要负责制定股份转让系统运行规则，监督主办券商、投资者及提供相关业务服务的机构和人员的股份转让业务活动及信息披露等事项，并通过审查文件、备案登记等制度，对企业在新三板挂牌和股份的报价转让进行直接监管。

全国股份转让系统公司具体的自律监管情形主要包括：

1. 依法对股份公司申请股票挂牌与申请定向发行、主办券商推荐文件进行审查，出具审查意见。

2. 督促申请挂牌的股份公司、挂牌公司及其他信息披露义务人，依法履行信息披露义务，真实、准确、完整、及时地披露信息，不得有虚假记载、误导性陈述或者重大遗漏。

3. 要审查挂牌公司是否符合持续挂牌条件，对于不符合条件的，要及时做出股票暂停交易或终止挂牌的决定，及时公告，并报证监会备案。

4. 面对因突发事件而影响股票转让正常进行的情况，全国股份转让系统公司要采取技术性停牌措施；如果是因不可抗力导致的突发性事件或者为维护股票转让的正常秩序，可以决定临时停市，并及时报告证监会。

5. 建立市场监控制度及相应技术系统，配备专门市场监察人员，依法监控股票转让，对于内幕交易、市场操纵等异常转让行为，要做到及时发现、及时制止。

6. 督促主办券商、律师事务所、会计师事务所等证券服务机构和人员，诚实守信、勤勉尽责，严格履行法定职责，遵守法律法规和行业规范，并对出具文件的真实性、准确性、完整性负责。

7. 对于违反法律法规及业务规则的相关当事人，需要依法采取自律监管措施，并报证监会备案。依法应当由证监会进行查处的，全国股份转让系统公司应向证监会提出查处建议。

2. 证券监督管理委员会

中国证券监督管理委员会为国务院直属正部级事业单位，依照法律、法规和国务院授权，统一监督管理全国证券期货市场，维护证券期货市场秩序，保障其合法运行。中国证券监督管理委员会简称为证监会，是新三板市场的实际缔造者，也是新三板制度的规划者和推动者，更是新三板市场运作的行政监管者。按照《国务院关于全国中小企业股份转让系统有关问题的决定》（国发〔2013〕49号）的授权，证监会比照《证券法》的立法精神，制定部门规章及相关规范性文件，明确监管制度框架和专项监管要求，建立健全以信息披露为核心的日常监管体系。

证监会加强对新三板违法违规行为的稽查，由事前准入监管转向事中、事后监管，对新三板市场上的虚假披露、内幕交易、操纵市场等违法违规行为采取监管措施，实施行政处罚，从而保障投资者合法权益以及维护公开、公平、公正的市场秩序。

作为新三板中必不可少的监管支持机构，中国证监会对新三板的监管主要体现在以下四个方面：

1. 规则建设

证监会和全国股份转让系统公司颁布并核准大部分的新三板市场规则，从而确保新三板有效运转并与场内市场及其他场外市场有效协调。

2. 市场建设

在中国证监会的监管之下，新三板不断成长，成为为创新型、创业型、成长型中小微企业提供服务的场所，而新三板的扩容和发展推动了国家产业结构调整和经济发展方式的转变，又激活了民间投资，是发挥市场在资源配置中的决定性作用的重要战略举措。

3. 制度建设

证监会推动并监管新三板市场建立起完整的制度体系：

《国务院关于全国中小企业股份转让系统有关问题的决定》规定，全国股份转让系统是经国务院批准，依据《证券法》设立的全国性证券交易场所，这个规定确立了新三板作为全国统一场外交易市场的法律地位。

《非上市公众公司监督管理办法》建立了与当前市场现状及投资者成熟程度相适应的投资者适当性制度。

《全国中小企业股份转让系统有限公司管理暂行办法》规定了挂牌股票转让可以采取做市方式、协议方式、竞价方式或证监会批准的其他转让方式，全国股份转让系统试行主办券商制度。

《全国中小企业股份转让系统股票转让细则（试行）》明确相关交易结算制度的实施涉及系统开发、测试以及市场参与各方的技术衔接。

《全国中小企业股份转让系统做市业务管理规定（试行）》明确了做市商制度。

4. 资本市场的整体协调

证监会担负着协调新三板与场内市场关系的重任，负责合理调配金融资源，保证特定市场的有效运转。而且正是因为它对于新三板的支持与推动，加固了新三板在多层次资本市场的地位，并提升了其与股权交易所、产权交易所等平行场外市场的竞争优势，从而推动新三板更快更好地发展，使之成为上接交易所市场、下接区域性股权市场的具有承上启下的市场平台，而全国中小企业股份转让系统将建设成为一个充满活力、包容性强、富有特色的综合性金融服务平台。

3. 证券结算登记机构

中国证券登记结算有限责任公司（简称"中国结算"）是经中国证监会批准、依据《中华人民共和国证券法》组建的证券登记结算机构，主要承担我国证券市场的登记存管、结算业务。全国股份转让系统公司与其签订业务协议，并报证监会备案。

中国结算为了规范全国股份转让系统挂牌的非上市公众公司股票转让登记结算业务，明确参与各方的权利和义务，防范登记结算业务风险，根据《公司法》《证券法》《非上市公众公司管理办法》等法律法规以及相关的规章制度，于 2013 年 12 月 30 日制定《全国中小企业股份转让系统登记结算业务实施细则》，采取我国 A 股市场净额担保结算为主的结算模式，这种模式有助于多层次资本市场发展，并保障系统能够安全高效运行。

中国结算办理拟在和已在全国股份转让系统挂牌的股票的登记、存管及结算业务。中国结算可以作为结算参与人的共同对手方，对挂牌公司股票转让提供多边净额结算、担保交收服务，也可根据股票转让业务的具体情况及市场需求，不作为共同对手方，提供逐笔全额结算等其他结算服务。

一、账户管理和申请开立资金账户

账户管理分为用以办理本公司与结算参与人证券集中交收的证券集中交收账户、用以办理本公司与结算参与人资金集中交收的资金集中交收账户、用以存放本公司扣划的交收违约结算参与人自营类待处分证券或其指定的其他待处分证券的专用清偿证券账户、用以存放暂不交付给交收违约结算参与人待处分资金的专用清偿资金账户，以及本公司根据业务需要设立的其他清算交收账户。

申请开立资金账户包括用以办理结算参与人与本公司证券交收以及结算参与人与其客户的证券交收的证券交收账户、用以办理结算参与人与本公司的资金交收的资金交收账户、用以存放结算参与人申报的资金交收违约客户的证券处置账户，以及根据业务需要设立的其他清算交收相关账户。

二、股份登记与存管

股份登记包括初始登记、变更登记和退出登记。

　　初始登记是指拟挂牌企业与中国结算签订《证券登记及服务协议》，获得全国股份转让系统的审查意见及证监会的核准文件，中国结算审核无误后，为其办理股份初始登记，并出具股份登记证明文件。

　　变更登记是指拟挂牌公司的申请材料有误，需要更正初始登记结果，中国结算依据生效的司法裁决或中国结算认可的其他证明材料办理更正手续。

　　退出登记是指挂牌公司终止挂牌，不再委托中国结算继续为其提供股份登记服务，按规定办理股份退出登记手续。之后，中国结算在公司网站、全国股份转让系统公司指定的信息披露平台或者证监会指定的报刊上发布终止挂牌公司提供登记服务的公告。

　　股份存管是指中国结算存管主办券商的自有股份和投资者托管的挂牌公司股份。做市商应当将其做市股份托管在专用托管单元。投资者通过单个或多个主办券商的不同交易单元以同一证券账户买入股份，并托管在交易单元所对应的托管单元。投资者可以通过托管单元对应的交易单元卖出股份，如需通过其他交易单元卖出股份，应当通过转出的主办券商办理股份转托管。

　　需要注意的是，中国结算还具有其他相应的职能，比如证券持有人名册登记及权益登记，受发行人的委托派发股份和证券权益，终止挂牌后继续提供股份登记服务。

　　三、交收和结算

　　主办券商及其他机构参与挂牌股票转让结算业务的，应该取得中国结算的结算参与人资格。中国结算按照分级结算的原则，办理公司与结算参与人之间或结算参与人相互之间的清算交收；结算参与人负责办理其与客户之间的清算交收。

　　中国结算代为办理结算参与人与客户之间的股票划付，结算参与人的资金交收账户可以办理多边净额结算（指每个转让日收市后，结算公司根据全国股份转让系统发送的股票转让成交数据和相关非交易数据，以结算参与人为交收对手，计算出各结算参与人资金交收账户应收或应付资金净额、证券交收账户各类股票的应收和应付净额，形成当日净额清算结果，并及时通知结算参与人）和逐笔全额结算（指中国结算按照双方结算参与人的委托组织办理股票转让的清算和交收，不承担共同对手方责任）等其他结算业务的资金交收，收付款双方协议约定或付款方确认的数据办理资金划付。如果付款方资金不足，则划付失败。中国结算将根据股票转让业务发展情况和市场需求，对逐笔全额结算、代收代付等服务提供不同的清算交收周期安排。

4. 本节相关案例

一、中试电力未如期披露半年度报告面临摘牌

全国中小企业股份转让系统公开信息显示，截至 2014 年 8 月 31 日，中试电力（430291）仍然未能按照先关规定披露 2014 年半年度报告，因此根据《全国中小企业股份转让系统业务规则（试行）》相关规定决定，自 2014 年 9 月 1 日起暂停其股票转让。如果在规定期满之日两个月内，公司仍未披露半年度报告将面临终止挂牌的风险，甚至可能成为首批因为未能按时披露业绩报告而被终止挂牌的公司。

据了解，中试电力出现了一系列的问题，比如公司与汉口银行、天津国恒铁路控股股份有限公司之间产生了票据追索权纠纷，导致 1000 多万元资金处于冻结状态，这严重影响了经营状况。此外，中试电力上半年经历了频繁的高管变动，包括常务副总、董事长秘书、生产总监在内的 3 名高层管理人员都递交了辞职报告，导致董事长秘书一职长期空缺，董事会成员人数低于法定最低人数。

而最严重的问题在于，财务报表相关工作量较大，前期财务人员离职，造成与主办券商半年报审核修改协调工作无法按正常进度进行。为了避免半年报相关数据出现问题，公司只好主动申请停牌并进行相关财务数据的核查，核查之后将会公布半年度报告。与此同时，公司正积极联系投资方，寻求各种渠道解决相关问题。

依据《全国中小企业股份转让系统业务规则（试行）》相关规定，挂牌公司未在规定期限内披露年报或者半年报，应当向全国股份转让系统公司申请暂停转让，直至按规定披露或相关情形消除后恢复转让。挂牌公司出现未在规定期限内披露年报或者半年报的，自期满之日起两个月内未披露年报或半年报的，全国股份转让系统公司终止其挂牌股票。

从相关规定可以看出，信息披露是新三板市场规则的红线，不能轻易触

犯，否则就有可能面临暂停转让或摘牌的风险。

二、泰谷生物董事长曹典军违规受到处分

泰谷生物控股股东、实际控制人、董事长兼总经理曹典军于 2013 年 12 月被检察机关要求协助调查，2014 年 1 月 27 日曹典军因涉嫌滥用职权罪、行贿罪被检察机关采取逮捕强制措施。自上述事件发生至 2014 年 4 月 16 日期间，公司未履行信息披露义务。

此外，曹典军于 2013 年 12 月向公司借款 1031.63 万元，构成控股股东违规占用公司资金。而公司在 2014 年 4 月 28 日前并未履行信息披露义务。经主办券商督促，曹典军于 2014 年 5 月 21 日偿还全部资金和利息。

曹典军的行为已经严重违反了《全国中小企业股份转让系统业务规则（试行）》的规定，而且，作为公司控股股东、实际控制人、董事长兼总经理，曹典军对泰谷生物信息披露违规、公司治理不规范、内部控制薄弱等诸多问题都负有重要责任。鉴于曹典军的上述违规事实和情节，2014 年 8 月 11 日，全国股转系统决定对曹典军给予通报批评的纪律处分，并记入诚信档案。

全国股转系统要求各市场主体严格依据全国股份转让系统制度规则的要求，诚实守信，规范运作，严格履行信息披露义务。按照《全国中小企业股份转让系统业务规则（试行）》的规定，全国股转系统可以对监管对象采取自律监管措施，而除了监管措施外，对于监管对象严重违反全国股转系统业务规则及其他相关业务规定的，全国股转系统公司视情节轻重，可给予通报批评、公开谴责等纪律处分，并记入证券期货市场诚信档案数据库。

通常来说，新三板挂牌公司遭到纪律处分后，会对该公司股价和投资者的信心造成比较严重的负面影响，特别是被记入"证券期货市场诚信档案数据库"对于该公司未来转板将会有深远的影响。这种处分对于挂牌企业来说能够起到一种惩罚和规范作用，而对于主办券商来说也有间接的警示作用。

第六章
新三板挂牌涉及的主要法律问题

第一节 企业改制问题

1. 企业改制的流程

在挂牌过程中，有限公司整体变更为股份公司是必经的步骤，也是挂牌的阶段性成果。现将相关的流程总结如下：

一、聘请中介机构

为企业上市提供服务的中介机构有证券公司、律师事务所、会计师事务所、评估师事务所等机构，为使上市顺利推进，越早聘请相关机构，越有利于解决问题从而顺利推进上市进程。在实践操作中，往往由某一家机构主导，完成大部分工作，但在整体变更阶段，财务顾问（证券公司在此阶段的称谓）、会计师事务所、评估师事务所、律师事务所这些相关中介机构应该齐备。

二、尽职调查

股份公司设立后，必须规范运行。企业历史沿革、业务状况和发展前景中的问题，应该在整体变更前完成，而且越早规范越有利于上市。

因此，在整体变更前，必须对有限公司成立以来的合法性、企业业务状况和发展前景等问题进行尽职调查，以发现问题从而解决问题，具体包括以下几个方面：

1. 历史沿革的合法性

从有限公司设立开始，需要关注设立时出资方式、出资来源、是否履行相应的程序；实物资产出资是否经过评估、无形资产出资是否经过土地评估机构的评估、是否存在瑕疵。

在有限公司持续经营过程中，会出现增资扩股、股权转让等，每一次股权变动时的法律文件（董事会和股东会决议、验资报告、工商变更登记等）是否齐备，程序是否完善、行为是否合法。

2. 资产形成过程及合法合规性

有限公司持续经营过程中，主要的经营性资产的形成过程，是否存在法律障碍，尤其关注土地、房产取得过程。

3. 业务资质

特定行业是否取得必备的资质许可。如医药行业，是否具备药品生产许可证书、药品批准文号等；房地产行业是否具备房地产开发资质；工程建筑企业是否具备工程建筑资质；通信设备制造企业是否具备入网许可证等。

4. 经营状况

公司的持续盈利能力是否存在障碍，经营业绩的真实性；是否存在关联交易和同业竞争；公司的财务制度状况、财务数据的真实性。

5. 业务发展前景

需要关注产业政策、公司所处的行业地位等是否会发生不利变化。

6. 纳税情况

有限公司情况下，由于监管相对较弱、管理者的管理水平有限等原因，大部分企业或多或少存在漏税现象，必须尽职调查以摸清企业纳税的真实情况。

三、进行企业规范工作

尽职调查目的就是发现问题，从而在这过程中予以规范解决。

四、确定改制方案

由券商、会计师、律师各中介机构协商确定改制方案，确定整体变更的相关重要事宜。包括发起人及其出资方式的确定、股本结构设置、财务审计、资产评估、财务制度建立、资产处置（视公司具体确定，也可以不涉及）、人事劳资制度建立等。

五、若有需要对股权进行调整，如增资扩股或股权转让等

如果企业在需要对股本数量、发起人数量、股权结构等进行调整，或需要引进战略投资者，或实施管理层持股（股权激励）等等，则需要进行增资扩股或股权转让工作。

六、进行审计和评估

确定改制基准日，由具有证券从业资格的会计师对企业进行审计。同时，聘请评估机构进行评估（规范运作时，会召开临时董事会决定聘请审计、评估机构事宜）。

七、召开临时董事会

审计结果确定后，召开临时董事会（需要提前5日通知），审议相关议案。该部分议案由律师提供范本，公司根据范本予以完善。

相关议案主要包括：

1.《××会计师事务所有限公司出具的基准日为××××年×月×日的审计报告》

2.《××资产评估有限公司出具的基准日为××××年×月×日的评估报告》

3.《公司由有限责任公司整体变更为股份有限公司的议案》

4.《关于〈提请召开临时股东会审议通过相关议案〉的议案》

八、召开临时股东会

董事会决议通过之日当天发出临时股东会通知，15天后召开临时股东会。审议董事会的相关议案。

相关议案主要包括：

1.《××会计师事务所有限公司出具的基准日为××××年×月×日的审计报告》

2.《××资产评估有限公司出具的基准日为××××年×月×日的评估报告》

3.《公司由有限责任公司整体变更为股份有限公司的议案》

九、签署发起人协议

为了节约时间，可以在临时股东会召开之日签署。

十、股份公司验资

十一、通知召开创立大会

创立大会需提前 15 天通知，即临时股东会召开之日后 16 天召开创立大会。创立大会的议案由律师提供范本，主要包括下列议案：

1.《关于××股份有限公司筹建情况的报告》；

2.《关于××有限公司以整体变更方式设立××股份有限公司及各发起人出资情况的议案》；

3.《关于确认、批准××有限公司的权利义务及为筹建股份公司所签署的一切有关文件、协议等均由××股份有限公司承继的议案》；

4.《关于××股份有限公司筹建费用开支情况的议案》；

5.《××股份有限公司章程（草案)》；

6.《关于选举××股份有限公司第一届董事会董事的议案》；

7.《关于选举××股份有限公司第一届监事会股东监事并与职工代表监事共同组成第一届监事会的议案》；

8.《关于〈××股份有限公司股东大会议事规则〉的议案》；

9.《关于〈××股份有限公司董事会议事规则〉的议案》；

10.《关于〈××股份有限公司监事会议事规则〉的议案》；

11.《关于聘任××会计师事务所有限公司为××股份有限公司财务审计机构的议案》；

12.《关于授权董事会办理××股份有限公司工商注册登记手续等一切有关事宜的议案》。

十二、创立大会当天召开第一届董事会会议、第一届监事会会议

相关议案由律师提供范本，根据公司的需要，有时也会在第一届董事会会议上通过相关制度文件；若第一届董事会未通过，则于之后予以补充完善。

董事会会议的主要议案：

1.《关于选举公司董事长的议案》

2.《关于聘任公司总经理的议案》

3.《关于聘任公司高级管理人员的议案》

4.《关于公司内部组织机构设置的议案》

监事会会议的主要议案:《关于选举公司第一届监事会主席的议案》

十三、办理工商变更登记手续

2. 股改的方案

企业改制重组方案有多种,由企业根据自身实际情况,并参考律师、券商(证券公司)以及其他中介机构的意见来决定。主要的改制重组方案有:

1. 整体改制方案:是指被改组企业不作资产调整,将其全部资产,包括所有经营性与非经营性资产都投入拟设立的股份有限公司,并以之为股本,再发行股票增资投股(即上市)。这样,在办理完有关工商登记手续后,原企业随之不复存在。但是整体改制方案的适用范围较窄,一般是新建企业或者社会负担较小的少数企业,这些企业一般条件较好,包袱不重,资产相关性也较大,非经营性资产所占比例较少或绝对值较小(而且往往有一定的盈利能力)。

2. 控股分立方案:是指被改组企业将原资产进行分割重组,把其中一部分资产及其相关的负债和权益投入拟改组设立的股份有限公司,其余资产保留在原企业内。这是目前我国最常见的改制重组方案。一般是被改组企业将一部分经营性的优良资产投入拟设立的股份有限公司,并取得控股地位,再使之上市。原企业仍保留原有地位。当然,有时也采取设立成两个新法人,注销原企业的法人地位的方案。这种方案一般多适用于原大型国有企业(往往大而全):非经营性资产所占比例较高,绝对值较大,而且盈利能力较差。

3. 非控股分立方案:该方案同于第2方案,唯一的区别是被改组企业投入的资产无法对拟设立的股份公司形成控股。

4. 合并方案:是指被改组企业与其他被改组企业进行合并,将所有资产进行重新组合。这样,提高改组后企业的整体效益,形成规模经营。合并方案从不同角度来讲,有不同的分类:①从是否控股的角度来讲,可分为控全股合并方案与非控制合并方案。②从合并的资产占原企业的资产比例来讲,可分为全部资产进行合并(即消灭原企业)和部分资产进行合并即拿出一部分资产进行合并。

实际中的企业改制与重组方案有时也同时采取上述多个方案。企业通过改制重组,使改制重组后设立的股份有限公司的各项有关数据要求(资产、股本等）以及其他结构性要求符合有关上市的要求。这样，才有可能通过中国证监会的核准，企业才能成功上市发行股票。

3. 整体改制中需要注意的问题

一、以审计的净资产折股

有限公司整体变更为股份公司时，折合的实收股本总额不得高于公司净资产额。因此，变更时须聘请有证券从业资格的会计事务所进行审计、评估。

为了使原有限责任公司的业绩连续计算，变更为股份公司时应采取整体变更的方式，即只能以有证券从业资格的审计机构出具的审计报告作为验资依据。如果没有连续计算业绩的需要，也可以评估结果进行验资。

有的地方工商部门要求评估，主要目的是确认出资资产的价值。在实际操作中，各地的要求不一样。比如成都地区如果以审计值折股验资，需要成都市金融办出具相关文件。如果工商部门坚持要评估报告，而评估后净资产数额高于经审计的净资产数额时，可以与工商部门协商以审计值验资、折股，以评估报告作为参考。

要事先咨询工商对此有无具体要求。据我们的实务经验，无锡工商对整体变更不要求其他政府部门的文件。

二、提前确定董事（独立董事）、监事、高管的人选

为了符合上市的要求，董事会成员中需要至少包括三分之一的独立董事，且至少包括一名会计专业人士（指具有高级职称或注册会计师资格的人士）。一般拟上市企业在选择独立董事时，都会选择行业领域内权威人士、知名会计人士等人员，与上市人员接洽需要过程，建议公司提前物色合适人选。

监事会至少三人，其中包括一名职工监事，在召开创立大会之前需要确定职工监事人选，并需要召开职工大会或职工代表大会形成相关决议（该决议可由律师提供范本）。

股份公司设立时，可能伴随人事变动，提醒公司注意在确定相关人选时不要造成董事、高管重大变动。

三、关于名称预核

一般情况下，办理工商预核程序需要下列申请文件：

1. 企业名称预先核准申请表；

2. 全体投资人共同签署的企业名称预先核准申请书；

3. 全体投资人签署的指定代表或委托代理人的证明（原件）；

4. 代表或代理人的资格证明；

5. 全体投资人的资格证明；

6. 工商行政管理机关要求提交的其他文件。

但在某些地方名称预核要求更简化：直接填个名称变更核准表，提交企业营业执照副本即可。

四、资质继承问题

企业资质是指企业在从事某种行业经营中，应具有的资格以及与此资格相适应的质量等级标准。企业资质衡量的标准包括企业的人员素质、技术及管理水平、工程设备、资金及效益情况、承包经营能力和建设业绩等。

企业在整体改制过程中，原企业所拥有的资质是否可以当然继承，不同的资质有不同的规定。例如，ISO9001 质量管理体系认证，根据 GB/T 19001—2008《质量管理体系认证要求》及认证机构的相关要求，企业申请资质认证的前提要求是公司成立 3 个月以上，因此，只要工商变更后营业执照上记载的公司成立时间未发生变更，就无须重新申请认证。再如，环保工程专业承包资质，根据《建筑业企业资质管理规定》第 20 条第 3 款规定："企业改制的，改制后不再符合资质标准的，应按其实际达到的资质标准及本规定申请重新核定；资质条件不发生变化的，按本规定第十八条办理"。即企业整体改制后应当申请资质证书变更，不符合资质标准的将无法继承原公司相关资质。

同时，我们注意到，法律规定和实践操作之间存在一定的差异。例如，高新技术企业资质的认定，根据《高新技术企业认定管理办法》（国科发〔2008〕172 号）第 14 条的规定："高新技术企业经营业务、生产技术活动等发生重大变化（如并购、重组、转业等）的，应在十五日内向认定管理机构报告；变化后不符合本办法规定条件的，应自当年起终止其高新技术企业资格；需要申请高新技术企业认定的，按本办法第十一条的规定办理。"即企业股改后应当重新申请高新技术企业资质的认定。但是在实践操作中，有的地方相关主管部门不需要公司重新申请资质认定，而是在 3 年有效期满时，申请复审即可。

因此，我们建议企业在整体改制前应当结合企业已有的资质询问有关主管部门，落实企业相关资质继承情况。

五、缴纳所得税问题

1. 《关于企业资产评估增值有关所得税处理问题的通知》（财税字〔1997〕77 号）文件第 4 条规定："企业进行股份制改造发生的资产评估增值，应相应调整账户，所发生的固定资产评估增值可以计提折旧，但在计算应纳税所得额时不得扣除。"其实质就是固定资产评估增值部分应缴纳所得税。《关于企业资产评估增值有关所得税处理问题的补充通知》（财税字〔1998〕50 号）文件第 2 条规定："'通知'第四条所述的资产范围应包括企业固定资产、流动资产等在内的所有资产。"其实质是资产评估净增值部分，不仅仅指固定资产增值部分，还应包括流动资产增值部分都应缴纳所得税。但这两部文件均已被废止。

2. 《国家税务总局关于非货币性资产评估增值暂不征收个人所得税的批复》（国税函〔2005〕319 号）规定："考虑到个人所得税的特点和目前个人所得税征收管理的实际情况，对个人将非货币性资产进行评估后投资于企业，其评估增值取得的所得在投资取得企业股权时，暂不征收个人所得税。在投资收回、转让或清算股权时如有所得，再按规定征收个人所得税，其'财产原值'为资产评估前的价值"。其实质是个人就非货币性资产增值部分应当缴纳个人所得税。但是，该文件已被《国家税务总局关于公布全文失效废止、部分条款失效废止的税收规范性文件目录的公告》（国家税务总局公告 2011 年第 2 号）废止。

3. 根据《财政部、国家税务总局关于中国华润总公司资产评估增值有关企业所得税和印花税政策的通知》（财税〔2003〕214 号）、《财政部、国家税务总局关于中国邮政集团公司重组改制过程中资产评估增值有关企业所得税政策问题的通知》（财税〔2009〕24 号）、《财政部、国家税务总局关于中国冶金科工集团公司重组改制上市资产评估增值有关企业所得税政策问题的通知》（财税〔2009〕47 号）的规定，在企业重组改制上市过程中国有资产发生的资产评估增值部分应缴纳的企业所得税不征收入库，直接转计国有资本金。经过评估的国有资产，可按评估后的资产价值折旧或摊销，并在企业所得税税前扣除。

4. 本节相关案例

一、赛诺达如何处理控股股东免租提供办公场所的问题

天津市赛诺达智能技术股份有限公司（简称"赛诺达"，股票代码 430231），成立于 2008 年 1 月 11 日，2012 年 12 月 6 日整体改制为股份有限公司。2013 年 7 月 3 日以 1550 万元注册资本挂牌新三板。

公司的主营业务包括电子信息、软件技术开发、咨询、服务、转让；汽车配件、计算机及外围设备、五金、交电、IC 卡、机械设备、电器设备批发兼零售；安全技术防范工程设计、施工；建筑智能化工程施工；计算机修理；电子元器件加工；电器设备安装、调试。

公司控股股东刘春义将其名下一套 163 平方米的房屋提供给公司作为办公场所。双方签订了《房屋无偿使用协议》，约定公司有权自 2010 年 8 月起无偿使用该房屋 10 年，该房产位于天津市，公司自 2012 年开始实际使用此处办公场所。鉴于控股股东刘春义与公司签订了长达 10 年的免费租赁协议，公司自 2012 年开始才实际使用此处办公场所，因此，上述关联租赁行为对公司近两年一期以及未来 10 年的财务状况、经营成果无实质性的重大影响。

公司监事会已审议通过了《关于近两年一期公司发生关联交易的专项审核意见》，认为上述关联租赁行为符合法律法规的规定，符合公平、公开、公正的原则，不存在损害公司利益的情况，上述关联租赁对公司近两年一期以及未来 10 年的财务状况、经营成果无实质性的重大影响。

二、安徽泰达新材料股份有限公司整体变更的程序是否合规

黄山市泰达化工有限公司（以下简称"泰达有限"）整体变更为泰达新材所履行的相关程序如下：

一、泰达有限整体变更为泰达新材所履行的具体程序

1. 2008 年 10 月 30 日，安徽华普会计师事务所出具了华普审字〔2008〕第 784 号《审计报告》，对泰达有限资产、负债和所有权进行了审计，截至 2008 年 9 月 30 日，泰达有限经审计的净资产为 4197.460610 万元。

2. 2008 年 12 月 23 日，安徽省工商行政管理局（皖工商）登记名预核准字〔2008〕第 6574 号《企业名称预先核准通知书》核准公司名称为"安徽泰达新

材料股份有限公司"。

3. 2009 年 2 月 12 日，泰达有限召开股东会，审议通过将泰达有限整体变更为泰达新材的相关事宜。

4. 2009 年 3 月 1 日，华普天健高商会计师事务所（北京）有限公司出具会验字［2009］3414 号《验资报告》验证，截至 2008 年 9 月 30 日止，泰达新材（筹）已收到全体股东投入的与各自拥有的泰达有限 2008 年 9 月 30 日股权相对应的净资产 4197.460610 万元，并按 1.1660∶1 的比例折成 3600 万，差额部分金额为 597.460610 万元，计入资本公积。

5. 2009 年 3 月 2 日，泰达有限全体股东柯伯成、柯伯留、方天舒、张五星、罗建立、江雄伟作为泰达新材发起人签署《发起人协议》。

6. 2009 年 3 月 15 日，泰达新材召开创立大会，通过了设立泰达新材的有关决议。

7. 2009 年 3 月 27 日，泰达新材在黄山市工商行政管理局依法注册登记，领取了注册号为 341000000022513 号的《企业法人营业执照》，注册资本为 3600 万元。

8. 2013 年 11 月 22 日，中水致远资产评估有限公司中水致远评报字［2013］第 2138 号《黄山市泰达化工有限公司整体变更设立股份有限公司项目资产评估报告》，泰达有限以评估基准日 2008 年 9 月 30 日经评估的净资产值为 5513.13 万元。

二、泰达有限整体变更为泰达新材所履行程序合法合规的核查意见

经查阅泰达新材的工商档案及与泰达新材管理层访谈，泰达有限整体变更未进行相应的资产评估，此与《公司注册资本登记管理规定》第 13 条，"有限责任公司变更为股份有限公司时，折合的实收股本总额不得高于公司净资产额。有限责任公司变更为股份有限公司，为增加资本公开发行股份时，应当依法办理。"的规定不符。

经核查：

泰达新材出于谨慎考虑，已聘请中水致远资产评估有限公司于 2013 年 11 月 22 日出具了中水致远评报字［2013］第 2138 号《泰达有限整体变更设立股份有限公司项目资产评估报告》，对泰达有限整体变更所涉及的全部资产和负

债于评估基准日 2008 年 9 月 30 日的市场价值进行了复核评估。

2013 年 11 月 28 日，黄山市工商行政管理局出具了《证明》，证明"有限公司在办理整体变更所履行的工商变更登记手续合法合规"。

综上，泰达有限整体变更为泰达新材时履行了内部决策、审计、验资、工商变更登记及评估程序，泰达新材设立已满 2 年，泰达新材的设立程序符合《业务规则》第 2.1 条第 1 项的规定。

第二节 非货币资产出资问题

1. 实物出资

股东出资问题是全国中小企业转让系统审核的一个重要问题，《全国中小企业股份转让系统股票挂牌条件适用基本标准指引（试行）》中规定："公司股东的出资合法、合规，出资方式及比例应符合《公司法》相关规定。"《公司法》（2013 年 12 月 28 日修订）第二十七条规定："股东可以用货币出资，也可以用实物、知识产权、土地使用权等可以用货币估价并可以依法转让的非货币财产作价出资；但是，法律、行政法规规定不得作为出资的财产除外。对作为出资的非货币财产应当评估作价，核实财产，不得高估或者低估作价。法律、行政法规对评估作价有规定的，从其规定。"由此可以得出实物出资是合法的，但是出资的实物必须通过合法的评估。

一、出资规范的重要性

出资是股东最基本的义务，既是约定的义务，也是法定的义务；是股东或者出资人对公司资本所作的直接投资及所形成的相应资本份额。出资实质上是股权的对价，任何人欲取得公司股东的身份和资格，必以对公司的出资承诺为前提。现代商业社会，公司运营要以诚信为基础。从这个角度来看，对于申请成为非上市公众公司的挂牌公司，出资过程中的规范及诚信问题尤为值得关注。

股东出资不规范除了导致公司注册资本的完整性存在瑕疵之外，也可能导致公司股权结构混乱或存在重大变更的法律风险。

二、实物出资需履行的流程

1. 评估作价

《公司法》第 27 条规定，对作为出资的实物应当评估作价，核实财产。所以，股东以实物出资时首先应当对实物进行评估作价，既要核实实物的产权，也要对其价值进行真实的评估。对于法律法规对实物出资评估作价有专门规定的，应当根据该专门规定进行办理。这里的法律法规关于实物出资评估作价的专门规定，主要适用于以国有资产出资的情形。

2. 转移产权

《公司法》第 28 条规定，以实物出资的，应当依法办理其财产权的转移手续。即股东应当在约定的出资日期将实物的产权转移给公司。如果实物的产权转移需要办理产权变更登记的，则股东应对该出资的实物在法定登记部门办理产权变更登记手续，且自变更登记之日起，该股东的实物出资义务始完成。如以厂房该等不动产出资的，则需要在房管部门进行厂房产权的变更登记。

2. 以无形资产出资

新三板挂牌对企业无形资产出资的要求如下：

1. 用作出资的无形资产应权属清晰，不存在权利限制。

如果属于商标、专利、著作权等知识产权，应考虑知识产权的剩余保护年限，根据相关法律规定，发明专利的保护期限是 20 年，实用新型专利、外观设计专利、商标则分别是 10 年。

著作权是作者终身及死后 50 年，如果作为核心技术的发明专利在出资时剩余保护年限过短，企业设立后不能继续使用，必然对企业的持续经营能力造成影响。如果用作出资的无形资产属于非专利技术，则不存在保护年限的问题，但是无论出资技术是否为专利，均应关注职务发明问题，确保用作出资的无形资产不存在权利瑕疵，即股东必须对其出资的无形资产拥有所有权或使用权，如果作为出资的无形资产其性质是职务作品、合作作品、专利技术，或是其他非独占的知识产权时，出资股东必须获得相应的授权或许可。

2. 用以出资的无形资产价值不存在高估或者对公司无价值等情形。

根据法律规定，无形资产必须符合可以用货币估价和可以依法转让的要求，股东不得以知名度、自然人姓名、商誉、思想等作价出资。而用作出资的无形资产应能对公司经营起到重要作用并能产生一定收益，该无形资产必须经评估后对公司具有价值且评估价值公允，一旦用作出资的无形资产出资后公司从未使用或者估值过高，则可能构成出资不实。

3. 无形资产出资程序符合法律法规的规定。

根据法律规定，无形资产出资一般需经过评估、所有权转移以及验资等程序。无形资产价值评估应由依法设立的第三方资产评估机构进行，并且评估一般首选采用收益额、收益期限和折现率等指标的"收益法"。而所有权转移即无形资产出资应办理财产权转移手续，将财产权属由股东变更为公司。至于验资要求则是货币出资、实物出资、无形资产出资等各种出资形式均需履行的必备程序，股东缴纳出资后，必须经依法设立的验资机构验资并出具证明。如果无形资产出资缺乏上述程序要求中的任何一项，或者评估、验资的中介机构不具备相应的资质，均属于出资瑕疵，将对公司在新三板挂牌造成障碍。

4. 无形资产出资额占公司注册资本的比例不得超出法律法规规定的限额。由于我国法律法规对于无形资产出资比例有过不同的规定，因此必须结合出资当时的法律法规予以规范。前文已经述及，1994年实施的旧《公司法》规定无形资产出资不得超过公司注册资本的20%，而2006年实施的新《公司法》则将无形资产占注册资本的比例提高到70%。但是实践中，在新三板挂牌的很多高新技术企业，尤其是2006年以前成立的企业，无形资产的出资比例远远高于20%，很多企业是以国家科技部和工商总局颁发的文件中规定的35%的上限来注资的，更有很多地方政府为了鼓励当地高新技术企业的发展，以地方性法规或规章的形式大大放宽了以高新技术成果投资时的出资比例，如北京市2000年12月8日第11届人民代表大会常务委员会第23次会议通过的《中关村科技园区条例》（注：已于2010年被废止）第11条就规定"以高新技术成果作价出资占企业注册资本的比例，可以由出资各方协商约定"；2001年2月13日北京市人民政府第32次常务会议又通过了《中关村科技园区企业登记注册管理办法》（注：已被废止），该办法第13条规定"以高新技术成果出资所占注册资本（金）和股权的比例不做限制，由出资人在企业章程中约定。企业注册资本（金）中以高新技术成果应当经法定评估机构评估"，第14条规定

"出资人以高新技术成果出资的，应当出具高新技术成果说明书。该项高新技术成果应当由企业的全体出资人一致确认，并应该在章程中写明。经全体出资人确认的高新技术成果可以作为注册资本（金）登记注册"。

3. 解决无形资产出资问题的方法

1. 针对无形资产的产权归属或权利瑕疵问题

对于企业在设立时用以出资的无形资产，该股东并没有权利处分，但在企业设立以后，该股东拿到了其所有权或使用权，那么，只要在企业申请挂牌前，将该无形资产的权利转移给企业，且由有关验资机构出具补充验资报告，就不会对企业申请上新三板挂牌交易造成实质性影响；如果无形资产产权转移存在重大障碍，应以等额货币补足出资。

若涉及职务发明问题，一般的解决思路是确认出资人拥有该项知识产权的完整权属，如果是公司用无形资产出资，就应当确认该项无形资产属于职务发明；如果是自然人股东以无形资产出资，就应当确认该项无形资产不属于职务发明。如果实在无法确认该无形资产的权属，最好由出资股东以等值货币进行出资置换或者以先减资再增资的方式处理，虽是两种方式，但程序上一般都会将该无形资产继续沉淀在公司内，并获得工商行政主管部门对于公司股东出资行为不构成重大违法行为的事后确认。

2. 针对无形资产价值评估问题

如果评估出资的无形资产出资后，公司从来没有使用过该无形资产，也即出资资产对公司没有价值或不适用于公司经营，应由出资股东将账面余额用等值货币或其他资产回购，对不实摊销的部分再以等值货币或其他资产补足。

如果出资资产确实在有效使用或对公司经营非常必要，但没有达到预期的收益价值，站在出资的时点上，很难说就是出资不实，这种情况，应先将无形资产全部做减值处理，再由原出资股东将减值补足，计入资本公积，将不实摊销的部分再以等值货币或其他资产补足。

一般来说，在处理无形资产价值高估问题时，应作出相应说明，表示出资技术未能发挥原来估计的作用，作价偏高，经重新评估，股东协商调低作价或者由原股东补足作价偏高的部分，同时应在相关的董事会、股东会或交易文本中统一口径，以解释为价值评估或客观情况发生变化等方面的问题而非出资不实。由出资股东以货币形式予以补足的，为避免日后出现纠纷，无责任的其他股东还要同时出具书面承诺书，表示不再追究出资瑕疵或出资不实的股东的责任。总体来说，对于无形资产价值问题的弥补措施，主要包括置换和补足，如果是无形资产的评估值远超过资产的真实值，或者专利被覆盖，也可以采取全额计提减值准备的方式，使净资产保持真实。

3. 出资程序瑕疵问题

法律规定用作出资的无形资产必须由专业机构进行评估，不能由股东随意认定。如果没有评估报告，应由中介机构就是否存在出资不实出具意见。在不存在恶意行为、不造成出资不实，或是通过评估复核等手段予以验证，或是价值已摊销完毕并转化为经营成果、对未来没有影响、不存在潜在风险的情况下，一般不会构成挂牌障碍。

对于验资报告存在瑕疵的情形，应由会计师进行复核，说明出资真实足额、有效、完整；由券商和律师出具专业意见，说明出资的真实性、合法性和充实性。从北京市的实际做法来看，企业出资可以没有验资报告，但是有其他相应的要求：如果是货币出资，需要全部银行入账单或审计报告以确认公司收到出资；如果是非货币性出资，则需要评估报告和审计报告。

无论是否经过验资程序，用以出资的无形资产必须及时办理财产转移手续。如果没有办理无形资产的财产转移手续，排除虚假出资情况，就属于股东出资不实。如以非专利技术出资的，出资股东应以法定方式向企业交付该技术并保证企业在使用该技术上不存在技术障碍。

由于新三板对中介机构资质没有明确要求，所以中介机构没有相应资质的情况比较鲜见，而从事上市业务的验资机构和评估机构必须具有证券从业资格。如果验资机构不具备相应资质，则需要审计机构对其出具的报告进行复核。

4. 针对无形资产出资比例过高的问题

法律之所以要对无形资产的出资比例作出规定，主要是为了避免企业财产如全部属于无形资产带来的价值不确定性和变现困难，有助于维持企业的债务清偿能力，而自2014年3月1日开始施行的新《公司法》已经取消了对企业无形资产比例的限制。企业无形资产出资比例过高的情况一般出现在新《公司法》实施以前，多属历史遗留问题。

如果遇到企业在设立当时或是增资过程中用无形资产出资的比例过高，应当说明该无形资产出资属于《公司法》规定的无形资产出资的特殊情况，可以依法适用中关村园区或地方政府的规定，该无形资产是高新技术成果，并与拟挂牌企业的主营业务的紧密联系，如上述北京市的相关规定。实际上，新三板挂牌企业中属于这类情况的案例很多见，如曾经无形资产出资比例高达80%的圣博润和达到60%的双杰电气。虽然这些地方规定不符合当时《公司法》的规定，但如果属于中关村科技园区的企业，或有地方政府的规定等明确的法律依据，并不会构成出资不实，也就无须股东再用现金进行弥补，对挂牌新三板而言并不会构成实质性障碍。

另外，根据国家科学技术委员会和国家工商行政管理局于1997年7月联合颁布的《关于以高新技术成果出资入股若干问题的规定》（注：已于2006年被废止）的规定，出资入股的高新技术成果作价金额超过公司注册资本20%的，须报省级以上科技管理部门认定。但是，实际上出资比例超标的很多企业根本没有取得相关认定，这就导致企业在挂牌新三板时需要重新对出资进行处理。

如果以其他非高新技术成果的无形资产出资，由于无形资产每年需要摊销，如果申报期无形资产余额比例已经低于20%，则要说明该出资不实的情况对企业的资本无影响，不影响后续股东的利益，而且该无形资产对企业的发展贡献巨大，这样，这种历史问题一般不会成为挂牌障碍。但是，如果历史遗留问题对发行构成持续性影响，还是应以等额货币置换超标无形资产为佳。

当然，上述情形并不能穷尽企业在新三板挂牌时无形资产出资方面面临的问题，而且相关问题可能同时出现，并且在实际中要复杂得多，规范和补救总是带有掩盖瑕疵之嫌。因此，拟在新三板挂牌的企业应尽早借助专业机构的力量，对无形资产出资进行合法化和规范化管理，使企业在设立之初就处于规范运营的轨道上，为新三板挂牌奠定良好的基础。

4. 本节相关案例

一、实物出资未经评估、货币出资转入个人账户

武汉希文科技股份有限公司在挂牌过程中所遇到的问题：有限公司设立

时，公司股东以实物资产出资 24 万元。股东前述实物出资是否办理转移手续？

2003 年 8 月，有限公司设定时，股东张建军、王永宏和南风用实物"台式电钻、HP 服务器、PC 计算机、IBM 笔记本电脑、HP 计算机"等作价 24 万元出资。以上实物资产：由武汉信源会计师事务有限责任公司进行评估，并出具了武信评报字［2003］第 320812 号《资产评估报告》。根据该评估报告，上述三位股东用于出资的实物资产评估总值为 24 万元人民币。股东提供了每一项实物资产购买时的原始发票。武汉信源会计师事务有限责任公司并出具了武信验字［2003］第 320812 号《验资报告》，说明经审验，截至 2003 年 8 月 12日，有限公司（筹）已收到全体股东缴纳的注册资本合计人民币 30 万元，其中以货币出资 6 万元，以实物资产出资 24 万元。

2003 年 8 月 18 日，有限公司取得了武汉市工商局核发的《企业法人营业执照》，有限公司成立。2003 年 8 月 25 日，三位股东与有限公司共同在《股东实物资产所有权转移清单》上签字盖章，正式办理了实物资产转移手续，将用于出资的实物资产全部移交给有限公司用于生产经营。

综上所述，有限公司成立时，股东以实物资产用于出资，因所出资资产为小型电子设备等，无需办理更名或者过户手续。股东后与有限公司签订了实物资产所有权转移清单，将所出资资产实际交付给公司用于经营。股东在有限公司设立时用于出资的实物资产已经办理了转移手续。

二、奥特美克如何解决无形资产出资瑕疵的问题

北京奥特美克科技发展有限公司（简称"奥特美克"，股票代码 430245），成立于 2000 年 9 月 6 日，2012 年 10 月 30 日整体改制为股份有限公司，2013年 7 月 23 日以 3200 万元的注册资本挂牌新三板。公司的主营业务是在水利信息化相关软件及硬件的研发、生产和销售的基础上，提供水利信息化综合解决方案——包括项目的方案设计、实施、产品提供、技术服务与售后服务等。

2006 年 4 月，有限公司股东吴玉晓和路小梅以非专利技术"水资源远程实时监控网络管理系统技术"出资 640 万元，二人各自占比均为 50%。由于该项非专利技术与公司的生产经营相关，不排除利用了公司的场地和办公设备甚至公司的相关技术成果，无法排除可能是出资人职务成果的嫌疑，以此项技术出资存在瑕疵，公司决定以现金对该部分出资予以补正。

2012 年 8 月 29 日，有限公司召开股东会，决议由股东路小梅和吴玉晓分别以现金 320 万元对公司 2006 年 4 月的非专利技术出资 640 万元进行补正，并计入资本公积金。2012 年 8 月 31 日，兴华会计师事务所出具【2012】京会兴核字第 01012239 号审核报告，对上述补正出资的资金进行了审验，确认截至 2012 年 8 月 31 日止，公司已收到上述股东的补足出资，并已进行了合理的会计处理。补正该出资后，公司的注册资本，实收资本不变。

三、风格信息如何处理技术出资超比例且未评估的问题

上海风格信息技术股份有限公司（简称"风格信息"，股票代码 430216），成立于 2004 年 8 月 16 日，2012 年 6 月 4 日，公司以经审计的净资产折股整体变更为股份有限公司，2013 年 5 月 17 日以 1050 万元的注册资本挂牌新三板。公司的主营业务是计算机软硬件、数字电视设备、通讯设备及相关产品的研发、销售（除计算机信息系统安全专用产品）；软件的制作；系统集成；提供相关的技术开发、技术转让、技术咨询、技术服务；自有设备的融物租赁；从事货物与技术的进出口业务。

2004 年 8 月 6 日，公司召开股东会并作出决议，同意股东惠新标以高新技术成果——嵌入式数字电视 ASI 码流监视设备作价 70.00 万元出资，占注册资本的 35.00%，且并未进行评估。

公司设立时有效的《公司法》（1999 年修正）第 24 条第 2 款规定："以工业产权、非专利技术作价出资的金额不得超过有限责任公司注册资本的百分之二十，国家对采用高新技术成果有特别规定的除外。"

上海市工商行政管理局 2001 年出台的《关于鼓励软件产业和集成电路产业发展促进高新技术成果转化的若干实施意见》（沪工商注〔2001〕第 97 号）第 2 条规定，科技型企业、软件和集成电路的生产企业可以高新技术成果和人力资本、智力成果等无形资产作价投资入股。

1. 以高新技术成果作价投资入股可占注册资本的 35.00%，全体股东另有约定的，可从其约定。

2. 无形资产可经法定评估机构评估，也可经全体股东协商认可并出具协议书同意承担相应连带责任，或经高新技术成果转化办公室鉴证后由验资机构出具验资报告。《上海市工商行政管理局关于印发〈关于张江高科技园区内内资

企业设立登记的实施细则〉的通知》（沪工商注［2001］第334号）同样就高新技术成果作价出资可占到注册资本的35.00%进行明确规定。

2004年8月6日，公司召开股东会并作出决议，同意股东惠新标以高新技术成果——嵌入式数字电视 ASI 码流监视设备作价70.00万元出资，占注册资本的35.00%。2004年8月11日，上海市张江高科技园区领导小组办公室出具《关于批准嵌入式数字电视 ASI 码流监测设备项目评估合格的函》（沪张江园区办项评字［2004］012号）认定为上海市高科技园区高新技术成果转化项目，所有者为惠新标。2004年8月11日，上海申洲会计师事务所有限公司出具《验资报告》（沪申洲［2004］验字第552号）验证，截至2004年8月10日止，有限公司以高新技术成果——嵌入式数字电视 ASI 码流监视设备出资的70.00万元已完成转移手续。

2005年3月18日，张江高科技园区领导小组办公室评估认定"嵌入式数字电视 ASI 码流监测设备"评估价值为210.00万元。2005年4月20日，上海市高新技术成果转化项目认定办公室颁发证书认定"嵌入式数字电视 ASI 码流监测设备为上海市高新技术成果转化项目，权属单位为上海风格信息技术有限公司"，该项目可享受《上海市促进高新技术成果转化的若干规定》有关优惠政策。2012年11月9日，上海众华资产评估有限公司出具《惠新标个人所拥有的部分资产追溯性评估报告》（沪众评报字［2012］第357号），确认"嵌入式数字电视 ASI 码流监视设备于评估基准日2004年8月11日的市场价值为71.6059万元"。

2012年11月15日，股份公司召开2012年第三次临时股东大会通过《关于上海风格信息技术股份有限公司设立时以高新技术成果、人力资源出资的议案》，确认有限公司设立时股东出资真实到位，不存在虚假出资、出资不实等情况，有限公司或股份公司的出资或股权不存在纠纷或潜在纠纷。

上海市工商行政管理局为鼓励软件企业发展设置了宽松的企业出资和注册登记政策。有限公司设立时以高新技术成果出资的比例和程序虽不符合当时《公司法》的相关规定，但符合《国务院关于印发〈鼓励软件产业和集成电路产业发展的若干政策〉的通知》（国发［2000］18号）的精神和上海市工商行政管理局2001年出台的《关于鼓励软件产业和集成电路产业发展促进高新技术成果转化的若干实施意见》（沪工商注〔2001〕第97号）的规定，同时也符合现行《公司法》关于无形资产出资比例的要求。另外，上述高新技术成果出资经上海众华资产评估有限公司追溯评估，其价值并未被高估，并已全部转移至公司。因此，该部分出资真实到位，不存在虚假出资、出资不实等情况。

第三节　股权代持问题

1. 股权代持

股权代持又称委托持股、隐名投资或假名出资，是指实际出资人与他人约定，以他人名义代实际出资人履行股东权利义务的一种股权或股份处置方式。"股权代持"问题是企业在新三板挂牌中会经常遇到的问题，而且往往会拖慢项目进度。该问题的出现可能会损害到拟挂牌公司股权的清晰性，进而可能引起很多的利益纠葛和法律纠纷，所以全国股转系统明确要求企业清理好股权代持问题。

我国《公司法》目前没有明确规定关于股权代持的条款，关于股权代持的法律效力主要规定在最高院的司法解释中。《公司法司法解释（三）》（法释〔2011〕3号）第二十五条第一款规定："有限责任公司的实际出资人与名义出资人订立合同，约定由实际出资人出资并享有投资权益，以名义出资人为名义股东，实际出资人与名义股东对该合同效力发生争议的，如无合同法第五十二条规定的情形，人民法院应当认定该合同有效。"该规定说明股权代持协议只要不违反合同法第五十二条规定的情形，应当是有效的。

《合同法》第五十二条的具体规定为："有下情形之一的，合同无效：一方以欺诈、胁迫的手段订立合同，损害国家利益；恶意串通、损害国家、集体或者第三人利益；以合法形式掩盖非法目的；损害社会公共利益；违反法律、行政法规的强制性规定。"同时，《公司法司法解释（三）》对于委托持股安排中易引发争议的投资权益归属、股东名册变更、股权处分等事项也进行了规定，从侧面认可了委托持股本身的合法性。

2. 股权代持的法律风险

1. 股权代持协议被认定为无效的法律风险。根据以上《公司法司法解释（三）》第二十五条第一款及《合同法》第五十二条的规定，结合实践中的具体情况，如果设定股权代持的目的在于恶意串通、损害第三方利益、以合法形式掩盖非法目的或规避法律行政法规的强制性规定，则股权代持协议通常就会被认定为无效，因而更容易引发法律纠纷。比如，外资为规避市场准入而实施的股权代持或者以股权代持形式实施的变相贿赂等，该等股权代持协议最终可能认定为无效，公司也有可能因此承担相应的法律责任。

2. 名义股东被要求履行公司出资义务的风险。由于代持协议的效力不能对抗善意第三人，因此名义股东承担公司的出资义务。如果出现实际投资人违约不出资，那么名义股东面临着必须出资的风险。在实践中，也存在出资不实被公司或善意第三人要求补足出资的情形，这种情形下名义股东不得以代持协议对抗公司或者善意第三人。虽然，名义出资可以在出资后向隐名股东追偿，但也不得不面对诉讼风险。

3. 税收风险。在股权代持中，当条件成熟、实际股东准备解除代持协议书时，实际出资人和名义股东都将面临税收风险。通常而言，税务机关往往对于实际投资人的一面之词并不认可，并要求实际股东按照公允价值计算缴纳企业所得税或者个人所得税。国家税务总局公告 2011 年第 39 号文件对于企业个人代持股的限售股征税问题进行了明确。具体而言，因股权分置改革造成原由个人限售股取得的收入，应作为企业应税收入计算纳税。依照该规定完成纳税义务后的限售股转让收入余额转付给实际所有人时不再缴税。然而，国家税务总局公 2011 年第 39 号文件仅适用于企业转让上市公司限售股的情形，对于实际生活当中普遍存在其他代持现象仍存在双重征税的风险。

4. 面临公司注销风险。这种风险主要存于外商作为实际出资人的股权代持情形中。根据我国的相关法律法规，外商投资企业必须经相关部门批准设立。为规避这种行政审批，存在一些外商投资者委托中国境内自然人或法人代为持股的情形。这种情况下，如果发生纠纷，根据相关审判实务，相关代持协议效力能够得到认可，但实际出资人不能直接恢复股东身份，需要先清算注销公司，再经相关部门审批设立外商投资企业。

在中国的多层次资本市场，股权代持一直是绝对的禁区。对上市公司而言，控股股东以及实际控制人的诚信和经营状况直接影响到股市对上市公司的信心和千百万股民的切身利益。

《首次公开发行股票并上市管理办法》（证监会令第 32 号）第十三条规定："发行人的股权清晰，控股股东和受控股股东、实际控制人支配的股东持有的发行人股份不存在重大权属纠纷。"因而，"股权清晰"成为证监会禁止上市公司出现代持现象的理论依据。同时，股权代持在新三板挂牌中也是不允许的。《全国中小企业股份转让系统业务规则（试行）》中明确要求挂牌公司要"股权明晰"。《证券法》及其他与企业上市、挂牌相关的法律、法规和规章中并没有明确规定股权代持这一行为本身是无效的，因而监管部门为确保满足"股权清晰"的监管审查口径，也只是要求公司对股权代持的行为进行清理，但并未否认股权代持本身的合法性。但为了防止因股权代持引发不必要的纠纷，进而对上市公司的正常经营产生重大不利影响，采取合法合理的方式进行"清理"是必需的。

3. 相应的解决方案

解决企业股权代持问题，应根据代持情况的不同成因制订相应的解决方案：

1. 因实际出资人属于不适宜担任股东形成的代持。自然人不适宜担任股东的情况主要是指国家法律、法规、规章及规范性文件规定不适宜担任股东的情形，对于这种情况，建议该不适宜的实际出资人将股权转让给适格的股东；法人不适宜担任股东的情况有可能是企业股东为规避外资管理规定、关联交易、竞业禁止的限制，这种情形下既可以将股权转让给适格的其他股东，也可以在原股东层面寻求变更。

2. 因实际股东人数超出法定限制形成的代持。股份公司发起人数超过 200 人的情况在实务中十分常见，尤其是一些曾经具有国有性质的企业中由于历史原因遗留下来的股权问题，导致一些企业不得不采取代持的方法规避关于股份公司发起人不得超过 200 人的规定。

对于已经经过整体折股变更的股份公司，在《非上市公众公司监督管理办法》出台之前，主要的解决方法是确认实际出资人后对股权进行集中，由实际控制人以公允价格收集小股东手中持有的股权，现根据《非上市公众公司监督管理办法》的规定，股东超过 200 人的非上市公众公司应先向中国证监会登记，再申请在新三板挂牌。

对于尚未完成整体折股变更的有限公司，整体变更时仍然要遵守发起人不超过 200 人的要求。为了解决股东人数过多（以职工股较多）的问题而专门设立若干投资性质的公司，以法人股东的身份代替自然人持股，尤其是自然人股东人数超过法定 200 人，这样规避法律的做法是不可行的，包括信托的方式、代理的方式，不管是直接持股还是间接持股，只要股东超过 200 人都不符合《公司法》的要求。

对于发起超过 200 人的公司整体折股时，鼓励将被代持股的股东"浮出"水面。正常的减少股东人数的办法是股权转让，但要注意股权转让的合法、合规，如转让是否出于真实的意思表示、股权的转让价格是否公平合理、转让协议是否有效、价款支付是否及时等。不能存在强制清理小股东的情况，侵犯小股东的权益，造成恶劣的社会影响。存在工会和持股会的，应实现工会和持股会的百分之百退出，转让价格合理并获得持股职工的百分之百同意，并取得相关有权部门的确认批文。委托持股的方式主要通过股权转让（且这种股权转让主要在自然人之间进行），实现实际股东人数少于 200 人，关注点仍在于转让价格的合理性，以及转让行为的真实性方面。

以设立有限责任公司或股份公司代替职工持股的方式，必须保证进入公司的职工人数不能超过法律法规和证监会规定的数目。同时，也不允许出现委托持股、信托持股的情况。计算股东人数要进行累计计算，将股份公司的直接股东和股份公司的法人股东计算在内，历史上曾经出现过的某些商业银行的股东人数超过 200 人的，属于特例，不具有普遍性。

3. 因股权激励性质的约定分配形成的代持。在企业初创期，创始人或实际控制人为激励创业团队，常有口头或书面与创业团队或高管约定给予股权的情况，但是并未进行工商变更登记，或者干脆约定由实际控制人代持这部分激励股权。这种情况形成的代持仍然需要在挂牌前还原，具体做法可以由代持股东直接将相应股权转让给受激励的个人，也可以将代持部分的股权转让给由受激励对象组成的持股平台。

需要注意的是，挂牌前期还原股权的对价为零或价格如果明显低于公允价格的，按照《企业会计准则第 11 号——股权支付》的规定，将形成股份支付，相关成本应一次性计入当期费用，有可能会对企业当期利润产生较大的影响。

4. 本节相关案例

一、必可测如何解决股份代持的问题

北京必可测科技股份有限公司（简称"必可测"，股票代码 430215），成立于 2002 年 9 月 22 日，2012 年 9 月 26 日整体改制为股份有限公司，2013 年 5 月 16 日以 3100 万元的注册资本挂牌新三板。公司的主营业务是仪器仪表、测控技术开发、咨询、服务；销售机电设备、计算机、仪器仪表、五金交电、办公用品、建筑材料及状态分析仪器的检测、维修。

公司股东何立荣出资让何忧代持股份，何忧成为在工商登记注册的名义股东，并在何立荣的授权下行使各项股东权利。

2012 年 5 月 23 日，北京必可测科技有限公司召开股东会，同意成锡璐将货币出资额 5 万元转让给周继明，同意何忧将货币出资额 287 万元转让给何立荣，同意苗承刚将货币出资额 5 万元转让给苗雨，并修改公司章程。

2012 年 5 月 23 日，上述各方签署了相关的股权转让协议。何忧将其股权转让给何立荣的目的是解除双方的代持关系。成锡璐将其股权转让给周继明的转股价格为 1 元每股。苗承刚将其持有公司的股权无偿赠送给苗雨，苗雨为苗承刚的女儿。

何立荣与何忧就双方代持关系出具了《股权代持情况说明》，书面确认出资款由何立荣实际支付，何忧仅仅为在工商登记注册的名义股东，在何立荣的授权下行使各项股东权利。双方之间的股权代持关系已于 2012 年 5 月解除，并完成了工商变更登记，双方不存在股权纠纷。

何立荣与何忧之间代持关系的形成、变动以及最终的解除，均系双方真实的意思表示，且该行为不存在《合同法》第五十二条规定的欺诈、胁迫及损害国家、社会公共利益或者第三人利益等情形，也不存在任何非法目的，故双方之间的代持行为应当是合法有效的。

第四节　同业竞争和关联交易问题

1. 同业竞争的审核尺度

关于同业竞争问题在新三板挂牌审核过程中的审核尺度问题，目前应该要把握以下几个基本的理念：

1. 原则上只关注控股股东、实际控制人的同业竞争问题，对于其他股东以及关联方的同业竞争问题不会重点关注。

2. 尽管某些股东不是控股股东也没有被认定为实际控制人，但是该股东对公司的生产经营会有重大影响的，还是应该要重点核查同业竞争问题。

3. 如果同业竞争的发生有着特定历史背景且目前整合很困难，控股股东和实际控制人的同业竞争如果无法实现在短期内解决或者成本较高的情况下，且在信息披露充分的情况下可以尝试，但是要详细说明目前整合存在障碍的原因，并对未来整合的可行性和预期有着明确的表述，可以允许在承诺的一段时间里逐步解决，不过时间不宜过长。

4. 对于亲属同业竞争问题，一般情况下如果亲属双方控制企业没有历史关联往来且公司设立清晰明确，那么不会成为挂牌新三板障碍。

5. 任何以各种股权调整或其他方式规避同业竞争问题的做法都是不应该允许的，在这种情况下将遵循"实质重于形式"的原则关注同业竞争问题。

2. 同业竞争的解决思路

关于同业竞争的解决，一般有以下思路：

1. 收购合并，即将同业竞争的公司股权、业务收购到拟挂牌公司或公司的子公司，吸收合并竞争公司等；

2. 转让股权和业务，即由竞争方将存在的竞争性业务或公司的股权转让给无关联关系的第三方；

3. 停业或注销，即直接注销同业竞争方，或者竞争方改变经营范围，放弃竞争业务；

4. 对经营业务作合理规划，即签订市场分割协议，合理划分拟挂牌公司与竞争方的市场区域，或对产品品种或等级进行划分，也可对产品的不同生产或销售阶段进行划分，或将与拟挂牌公司存在同业竞争的业务委托给拟挂牌公司经营等。

3. 关联交易及关联方的界定

企业申请挂牌的前提条件之一是发行人应完整披露关联方关系并按重要性原则恰当披露关联交易。关联交易价格公允，不存在通过关联交易操纵利润的情形。

所谓关联交易，是指关联方之间的转移资源、劳务或义务的行为，而不论是否收到价款。关联交易的类型主要包括：（1）购销商品；（2）购买或销售商品以外的其他资产；（3）提供或接受劳务；（4）提供资金（贷款或股权投资）；（5）担保；（6）租赁；（7）代理；（8）研究与开发项目的转移；（9）许可协议；（10）代表企业或由企业代表另一方进行债务结算；（11）关键管理人员薪酬。

《公司法》第216条规定："关联关系，是指公司控股股东、实际控制人、董事、监事、高级管理人员与其直接或者间接控制的企业之间的关系，以及可能导致公司利益转移的其他关系。但是，国家控股的企业之间不仅因为同受国家控股而具有关联关系。"

《企业会计准则第36号——关联方披露》第3条规定："一方控制，共同控制另一方或对另一方施加重大影响，以及两方或两方以上同受一方控制，共同控制或重大影响的，构成关联方。控制，是指有权决定一个企业的财务和经营政策，并能据以从该企业的经营活动中获取利益。共同控制，是指按照合同约定对某项经济活动所共有的控制，仅在与该项经济活动相关的重要财务和经营决策需要分享控制权的投资方一致同意时存在。重大影响，是指对一个企业的财务和经营政策有参与决策的权力，但并不能够控制或者与其他方共同控制这些政策的制定。"与旧准则相比，关联方范围扩大了。旧准则规定，在企业财务和经营决策中，如果一方有能力直接或间接控制、共同控制另一方或对另一方施加重大影响，本准则将其视为关联方；如果两方或多方同受一方控制，本准则也将其视为关联方。

第4条规定："下列各方构成企业的关联方：（一）该企业的母公司。（二）该企业的子公司。（三）与该企业受同一母公司控制的其他企业。（四）对该企业实施共同控制的投资方。（五）对该企业施加重大影响的投资方。（六）该企业的合营企业。（七）该企业的联营企业。（八）该企业的主要投资者个人及与其关系密切的家庭成员。主要投资者个人是指能够控制、共同控制一个企业或者对一个企业施加重大影响的个人投资者。（九）该企业或其母公司的关键管理人员及与其关系密切的家庭成员。关键管理人员，是指有权力并负责计划、指挥和控制企业活动的人员。与主要投资者个人或关键管理人员关系密切的家庭成员，是指在处理与企业的交易时可能影响该个人或受该个人影响的家庭成员。（十）该企业主要投资者个人，关键管理人员或与其关系密切的家庭成员控制，共同控制或施加重大影响的其他企业。"

第5条规定："仅与企业存在下列关系的各方，不构成企业的关联方。（一）与该企业发生日常往来的资金提供者，公用事业部门，政府部门和机构。（二）与该企业发生大量交易而存在经济依存关系的单个客户，供应商，特许商，经销商或代理商。（三）与该企业共同控制合营企业的合营者。"

第6条规定："仅仅同受国家控制而不存在其他关联方关系的企业，不构成关联方。"

4. 如何解决关联交易问题

与消除同业竞争不同，企业的关联交易行为并非禁止，而是要进行规范。

关联交易的处理主要可以通过调整关联企业和签署关联事务协议两种方式来进行。关联企业的常见的调整手段有：对关联企业的股权结构进行调整，以降低其关联性，以及对关联企业予以收购，等等。进行调整的目的是简化企业的投资关系，减少关联企业的数量，从而达到减少关联交易的最终目的。关联事务协议应具体明确，按照市场原则来确定关联交易的价格。履行表决回避制度。

关联人一般分为两类：

第一类关联人指在企业占有一定比例出资额或持有一定比例表决权股份而对企业具有控制权或重大影响的股东。

规范该种类型的关联交易需要建立和完善预防、救济措施，对关联交易可在事前采取积极措施，如规定累积投票权制度、股东表决权排除制度，以防止因资本多数决的滥用而导致不公平关联交易的产生。对于因不公平关联交易而导致利益受到侵害的股东，可以规定相应的救济措施，如请求法院否认股东大会、董事会决议效力制度、股东代表诉讼制度、法人人格否认制度，在程序及实体方面使受到侵害者获得司法保护等。

第二类关联人指企业的董事、监事、经理等高级行政管理人员。

规范该种类型的关联交易，需要完善公司法人治理结构。这类关联交易，又称自己交易、自利交易或自我交易，主要指公司与其董事、监事、经理等对公司有一定控制权或影响力的公司内部人之间的交易。公司的董事、监事、经理等高级管理人员因其地位或职权而对公司有一定的控制权，如果任由其与公司进行各类交易而不予干涉或限制，难免会发生滥用控制权损害公司利益的情形。对不公平自我交易进行防范的重要途径之一就是完善公司法人治理结构，加强董事、监事、经理等高级管理人员之间的互相监督和制约，限制权力的滥用。具体如：完善股东大会运作规则，健全股东大会制度；设立独立董事制度；加强监事会的监察职能；强化董事、监事、经理对公司的义务等。

总结起来，规范关联交易的原则是：一是避免不必要的关联交易，二是对于必要的关联交易要保证交易价格的公允性，三是股东大会和董事会表决程序的合法性（关联股东和关联董事应回避表决等）。上市公司的关联交易超过一定金额，还须履行信息披露义务。

5. 本节相关案例

一、天房科技如何通过变更经营范围消除同业竞争

天津市天房科技发展股份有限公司（简称"天房科技"，股票代码430228），公司成立于2002年7月15日，2012年11月12日整体改制为股份有限公司，2013年7月1日以13600万元的注册资本挂牌新三板。公司的主营业务为建筑智能化工程设计、软件开发与技术服务、三网融合的建设与运营以及钢材贸易等。

第二大股东腾达楼宇主营业务是自动化设备、计算机产品开发、网络技术咨询及服务、计算机及外围设备、建筑装饰材料批发兼零售。公司与腾达楼宇

经营范围都有"计算机及外围设备、建筑装饰材料批发兼零售、计算机网络系统集成服务"的内容，双方存在同业竞争嫌疑。

公司与另一重要股东腾达楼宇在经营范围上有两处相近，其一是"计算机及外围设备、建筑装饰材料批发兼零售"；其二是"计算机网络系统集成服务"。最近两年，公司与腾达楼宇在计算机及外围设备、建筑装饰材料批发兼零售业务上，主要客户对象不交叉重叠，没有发生事实上的同业竞争情况，同时腾达楼宇在最近两年没有经营过系统集成业务，因而与天房科技在系统集成领域没有发生事实上的同业竞争情况。

为避免将来发生同业竞争行为的可能，腾达楼宇做出如下承诺："本公司将不在中国境内外直接或间接从事或参与任何在商业上对天房科技构成竞争的业务及活动；将不直接或间接开展对天房科技有竞争或可能构成竞争的业务、活动或拥有与天房科技存在同业竞争关系的任何经济实体、机构、经济组织的权益；或以其他任何形式取得该经济实体、机构、经济组织的控制权；本公司将在法律、法规、规范性文件及公司章程所规定的框架内，依法行使股东权利，不以股东身份谋求不正当利益；将于2013年5月30日前，完成我公司经营范围的修改，减少与天房科技相近的经营范围，即减去'计算机及外围设备、建筑材料批发兼零售'、减去'计算机网络系统集成服务'。自2012年11月30日至2013年5月30日不会在上述经营范围内发生与天房科技同业竞争的行为；若违反上述承诺，本公司将对由此给天房科技造成的损失做出全面、及时和足额的赔偿。"

2013年5月17日，腾达楼宇变更经营范围事项获得天津市工商行政管理局核准，腾达楼宇变更后经营范围为"自动化设备、计算机产品开发、技术咨询（不含中介）服务；办公用品及设备、装饰材料批发兼零售。"腾达楼宇变更后经营范围与天房科技不存在相同或相近之处。

二、绿岸网络公司业务对关联方形成重大依赖

报告期内，绿岸网络先后向上海云蟾网络科技有限公司（简称"云蟾网络"）取得《蜀门》《醉逍遥》两款网络游戏在中国大陆地区的永久独家授权代理运营权，并向其支付授权使用费及运营分成，并因此而构成关联交易。鉴于公司与云蟾网络的交易具有唯一性，公司未与无关联第三方发生同类交易，因此无法通过与第三方价格的比对来核查关联交易的公允性。但从公司业务毛利率来看，与同行业上市公司（如中青宝）相比并无明显偏离，公司关联交易价格基本公允。

公司的收入绝大部分来自于网络游戏《蜀门》《醉逍遥》的运营收入。而《蜀门》《醉逍遥》两款网络游戏属于公司原关联方云蟾网络独家授权运营的，故报告期内，公司与云蟾网络的关联交易对公司和云蟾网络的财务状况及经营成果影响甚大。

有限公司阶段，公司未制定规范关联交易相关制度，故相关关联交易亦未履行相应决策程序；股份公司设立后，公司制定了《公司章程》《关联交易管理办法》等相关规章制度，明确了关联交易的决策程序。此外，2012 年 9 月，随着火玉兰的退出，火玉兰与云蟾网络不再为公司关联方，公司与云蟾网络不再存在关联交易的情形。

三、建中医疗关联方收购无法办理所有权证的资产

2012 年 6 月，实际控制人宋龙富控制的上海建中塑料包装用品厂以货币资金收购公司部分固定资产，该固定资产为地上建筑物，在公司股份制改造审计时计入公司资产总额，但是该建筑物所属的土地使用权为集体性质，因此无法办理房屋所有权证。为夯实公司资产，宋龙富所控制的上海建中塑料包装用品厂以该资产账面净值作为计价依据，经协商一致确认作价 129.889182 万元予以收购。

该资产出售同时涉及关联交易，应当由出席股东大会且无关联关系的股东过半数表决权审议批准，但是关联股东宋龙富没有回避表决，存在程序瑕疵。在排除宋龙富所持表决权纳入计票后，该议案仍可获得有效通过。

2012 年 9 月，公司召开 2012 年度第一次临时股东大会审议通过《关于确认与批准公司关联交易的议案》，公司实际控制人宋龙富回避表决。该议案确认 2012 年 6 月资产收购暨关联交易批准行为有效。公司已经纠正关联交易决策程序的瑕疵，并且已经遵照公司章程及关联交易管理制度执行。公司管理层将严格履行各类重要事项的决策审批程序，保证公司及股东利益不受损害。

第五节　税务问题

1. 关于整体变更时净资产折股所涉及的企业所得税问题

有限责任公司整体变更时，除注册资本外的资本公积、盈余公积及未分配利润转增股本按以下情况区别纳税：

1. 资本公积、盈余公积及未分配利润中属于个人股东的部分

（1）资本公积中转增股本时不征收个人所得税。根据《国家税务总局关于股份制企业转增股本和派发红股征免个人所得税的通知》（国税发〔1997〕198号）的规定，股份制企业用资本公积金转增股本不属于股息、红利性质的分配，对个人取得的转增股本数额，不作为个人所得，不征收个人所得税。

（2）盈余公积及未分配利润转增股本时应当缴纳所得税，股份制企业用盈余公积金及未分配利润转增股本属于股息、红利性质的分配，对个人取得的红股数额，应作为个人所得征税。

2. 资本公积、盈余公积及未分配利润中属于法人股东的部分

根据《国家税务总局关于企业股权投资业务若干所得税问题的通知》（国税发〔2000〕118号）规定："除另有规定者外，不论企业会计账务中对投资采取何种方法核算，被投资企业会计账务上实际作利润分配处理（包括以盈余公积和未分配利润转增资本）时，投资方企业应确认投资所得的实现。"因此，有限责任公司整体变更为股份有限公司视同于利润分配行为，按以下原则处理：

（1）资本公积不属于利润分配行为，不缴纳企业所得税。

（2）盈余公积和未分配利润进行转增时视同利润分配行为。不同于个人股东，公司制企业进行分红时，法人股东不需要缴纳所得税，但如果法人股东与公司所适用的所得税率不一致时，法人股东则需要补缴所得税差额部分。

2. 关于补缴历史年度欠缴税款问题

在申请挂牌过程中，很多企业涉及补缴历史年度欠缴税款问题，其原因是

多方面的，比较典型的是由于政府出于发展地方经济、招商引资的考虑对企业采取了较为宽松的税收政策，其中一部分可能与国家税收政策存在一定程度的冲突，当然也有部分企业因综合税负太高，而产生避税的动机。从实践来看，新三板企业比申请 IPO 的企业在财务上往往更加薄弱，对设置账外账、账目不清、信息失真、财务管理混乱等现象的规范可能都比 IPO 企业情况难度大一些。尤其是在申请挂牌以前，很多企业的利润并没有实际释放出来，纳税申报表上的利润通常低于企业实际的利润水平。

从总体上看，新三板企业在规范过程中涉及补交税款的总金额普遍低于 IPO 企业，主要原因还是新三板企业普遍规模仍然较小，且新三板对于企业盈利规模并无要求；另外，如果结合各地方政府对于申请挂牌的企业提供的税收优惠，并且获得主管税务机关的减免、缓征税款的书面同意的话，总体上看解决的难度并不大，规范即可，着重关注企业挂牌以后的财务规范运行。

补缴税款问题对申请挂牌企业的影响比较大的方面可能在于报告期内的税务合规问题。一个常见的问题是公司被收取税收滞纳金算不算情节严重的税收违法行为？《税收征收管理法》（2001 年 4 月 28 日修订）第 32 条规定："纳税人未按照规定期限缴纳税款的，扣缴义务人未按照规定期限解缴税款的，税务机关除责令限期缴纳外，从滞纳税款之日起，按日加收滞纳税款万分之五的滞纳金。"如果公司仅仅被收取税收滞纳金，这不算是情节严重的税收违法行为。

因此，律师在尽职调查时应调查企业是否有违反税收法律、行政法规，受到行政处罚，且情节严重的行为。这里需要注意的是，一般的税收违法行为并不影响企业挂牌，只有情节严重的税收违法行为才对挂牌构成实质性法律障碍。对于企业报告期内税收合规情况的判断，还应当以税收主管机关出具的合规证明认定的事实为准。

3. 关于税收优惠问题

如何认定企业执行的税收优惠政策的合法性？

根据《税收征收管理法实施细则》的规定，与国家税收法律、行政法规相抵触，或未经过国家法律法规明确授权地方政府自行制定的地方性税收法规和地方政府规章，不能作为公司享受税收优惠的依据。

部分地方给予企业的税收优惠政策尽管与国家政策不符合，但只要地方的政策是明文规定的，且股东承诺如果发生被追缴的情况时承担补缴的责任，审核中一般是认可的。

目前新三板在税收优惠方面重点关注以下问题：

1. 发行人报告期所享受的税收优惠政策与国家税收法规政策是否存在不符，如果企业享受的税收优惠政策存在与国家现行税收法律、行政法规不符或者越权审批的情况，申报企业应当提供省级税务部门出具的确认文件，并由律师出具法律意见。

如果地方税收优惠违反国家法律法规，须地方税收主管部门出具确认文件、在重大事项中作提示性说明、披露被追缴税款的责任承担主体。中介机构须对企业合规性发表明确意见，说明是否构成重大违法。如果税收方面受到过处罚，要求税收主管部门出具文件是否构成重大违法的确认文件。

2. 对于不符合国家税法规定的或者违反国家税法的地方性税收优惠政策可能存在被追缴（包括滞纳金）风险的，应在挂牌文件中作可能被追缴税款的风险提示，并要求由发行前原股东承诺承担。

4. 关于核定征税问题

部分创业型企业在报告期内属于小规模纳税人，执行核定征收增值税的规定，属于新三板业务特有的税收情况，在主板或创业板企业都不会出现。

2008 年颁布的《增值税暂行条例实施细则》第 28 条规定："条例第十一条所称小规模纳税人的标准为：（一）从事货物生产或者提供应税劳务的纳税人，以及以从事货物生产或者提供应税劳务为主，并兼营货物批发或者零售的纳税人，年应征增值税销售额在 50 万元以下（含本数，下同）的；（二）除本条第一款第（一）项规定以外的纳税人，年应税销售额在 80 万元以下的。本条第一款所称以从事货物生产或者提供应税劳务为主，是指纳税人的年货物生产或者提供应税劳务的销售额占年应税销售额的比重在 50% 以上。"因为小规模纳税人是指年销售额在规定标准以下，并且会计核算不健全，不能按规定报送会计资料，实行简易办法征收增值税的纳税人，而新三板申报企业要求应按照《企业会计准则》的规定编制并披露报告期内的财务报表，所以如果在报告期存在核定征税问题的企业，在准备申报挂牌之前，应尽快根据会计师的意见调整为一般纳税人，并规范公司财务管理制度和内控制度。

5. 关于个人股票期权所得征收个人所得税问题

2005 年 4 月 19 日，财政部、国家税务总局发布了《关于个人股票期权所得征收个人所得税问题的通知》（财税［2005］35 号）对企业员工（包括在中国境内有住所和无住所的个人）参与企业股票期权计划而取得的所得征收个人所得税问题作了明确规定。

1. 关于员工股票期权所得征税问题

实施股票期权计划的企业授予该企业员工的股票期权所得，应按《中华人民共和国个人所得税法》及其实施条例有关规定征收个人所得税。

企业员工股票期权（以下简称"股票期权"），是指上市公司按照规定的程序授予本公司及其控股企业员工的一项权利，该权利允许被授权员工在未来时间内以某一特定价格购买本公司一定数量的股票。

上述"某一特定价格"被称为"授予价"或"施权价"，即根据股票期权计划可以购买股票的价格，一般为股票期权授予日的市场价格或该价格的折扣价格，也可以是按照事先设定的计算方法约定的价格；"授予日"，也称"授权日"，是指公司授予员工上述权利的日期；"行权"，也称"执行"，是指员工根据股票期权计划选择购买股票的过程；员工行使上述权利的当日为"行权日"，也称"购买日"。

2. 关于股票期权所得性质的确认及其具体征税规定

员工接受实施股票期权计划企业授予的股票期权时，除另有规定外，一般不作为应税所得征税。

员工行权时，其从企业取得股票的实际购买价（施权价）低于购买日公平市场价（指该股票当日的收盘价，下同）的差额，是因员工在企业的表现和业绩情况而取得的与任职、受雇有关的所得，应按"工资、薪金所得"适用的规定计算缴纳个人所得税。

对因特殊情况，员工在行权日之前将股票期权转让的，以股票期权转让的净收入作为工资薪金所得征收个人所得税。

员工行权日所在期间的工资薪金所得，应按下列公式计算工资薪金应纳税所得额：

股票期权形式的工资薪金应纳税所得额 =（行权股票的每股市场价 - 员工取得该股票期权支付的每股施权价）×股票数量

员工将行权后的股票再转让时获得的高于购买日公平市场价的差额，是因个人在证券二级市场上转让股票等有价证券而获得的所得，应按照"财产转让所得"适用的征免规定计算缴纳个人所得税。

员工因拥有股权而参与企业税后利润分配取得的所得，应按照"利息、股息、红利所得"适用的规定计算缴纳个人所得税。

3. 关于工资薪金所得境内外来源划分

按照《国家税务局关于在中国境内无住所个人以有价证券形式取得工资薪金所得确定纳税义务有关问题的通知》（国税函［2000］190号）有关规定，须对员工因参加企业股票期权计划而取得的工资薪金所得确定境内或境外来源的，应按照该员工据以取得上述工资薪金所得的境内、外工作期间月份数比例计算划分。

4. 关于应纳税款的计算

认购股票所得（行权所得）的税款计算。员工因参加股票期权计划而从中国境内取得的所得，按本通知规定应按工资薪金所得计算纳税的，对该股票期权形式的工资薪金所得可区别于所在月份的其他工资薪金所得，单独按下列公式计算当月应纳税款：

应纳税额 =（股票期权形式的工资薪金应纳税所得额÷规定月份数×适用税率 - 速算扣除数）×规定月份数

上款公式中的规定月份数，是指员工取得来源于中国境内的股票期权形式工资薪金所得的境内工作期间月份数，长于12个月的，按12个月计算；上款公式中的适用税率和速算扣除数，以股票期权形式的工资薪金应纳税所得额除以规定月份数后的商数，对照《国家税务总局关于印发〈征收个人所得税若干问题的规定〉的通知》（国税发［1994］089号）所附税率表确定。

转让股票（销售）取得所得的税款计算。对于员工转让股票等有价证券取得的所得，应按现行税法和政策规定征免个人所得税，即个人将行权后的境内上市公司股票再行转让而取得的所得，暂不征收个人所得税；个人转让境外上市公司的股票而取得的所得，应按税法的规定计算应纳税所得额和应纳税额，依法缴纳税款。

参与税后利润分配取得所得的税款计算。员工因拥有股权参与税后利润分配而取得的股息、红利所得，除依照有关规定可以免税或减税的外，应全额按规定税率计算纳税。

5. 关于征收管理

扣缴义务人。实施股票期权计划的境内企业为个人所得税的扣缴义务人，应按税法规定履行代扣代缴个人所得税的义务。

自行申报纳税。员工从两处或两处以上取得股票期权形式的工资薪金所得和没有扣缴义务人的，该个人应在个人所得税法规定的纳税申报期限内自行申报缴纳税款。

报送有关资料。实施股票期权计划的境内企业，应在股票期权计划实施之前，将企业的股票期权计划或实施方案、股票期权协议书、授权通知书等资料报送主管税务机关；应在员工行权之前，将股票期权行权通知书和行权调整通知书等资料报送主管税务机关。

扣缴义务人和自行申报纳税的个人在申报纳税或代扣代缴税款时，应在税法规定的纳税申报期限内，将个人接受或转让的股票期权以及认购的股票情况（包括种类、数量、施权价格、行权价格、市场价格、转让价格等）报送主管税务机关。

实施股票期权计划的企业和因股票期权计划而取得应税所得的自行申报员工，未按规定报送上述有关报表和资料，未履行申报纳税义务或者扣缴税款义务的，按《税收征收管理法》及其实施细则的有关规定进行处理。

6. 关于执行时间

该通知自 2005 年 7 月 1 日起执行。《国家税务总局关于个人认购股票等有价证券而从雇主取得折扣或补贴收入有关征收个人所得税问题的通知》（国税发〔1998〕9 号）的规定与本通知不一致的，按该通知规定执行。

6. 本节相关案例

一、普华科技公司整体变更时，自然人股东缴纳个人所得税问题

2012 年 12 月 20 日，普华有限股东包晓春等 34 人作为发行人股东，共同签署《上海普华科技发展股份有限公司发起人协议》，决定以普华有限截至 2012 年 9 月 30 日，经审计的所有者权益（净资产）人民币 4198.879131 万元，扣除个人所得税人民币 497.091575 万元后的 3701.787556 万元为基准，按照 1:1.2339 的比例，折成总股本 3000 万股，每股面值 1 元，共计股本人民币 3000 万元，大于股本部分 701.787556 万元计入资本公积。律师认为，普华有限依法变更为股份有限公司时，折合的实收股本并未高于净资产。

有限公司整体变更设立股份公司过程中，自然人股东需要缴纳个人所得税。由于公司所有发起人股东均为自然人，公司系以经审计的净资产扣减由于普华有限整体变更设立股份公司所应缴纳的个人所得税后的净资产为基准折股。

《云浮市地方税务局关于高新技术企业以未分配利润、盈余公积转增注册资本征收个人所得税问题的批复》（2012 年 8 月 9 日云地税函〔2012〕111 号）提到："你局请示所诉某公司 2008 年改制的折股行为，实际上是某公司将原公司未分配利润、英语公积金、资本公积金向股东分配了股息、红利，股东再以分得的股息、红利增加实收资本。根据《中华人民共和国个人所得税法》及其实施条例、《国家税务总局关于股份制企业转增股本和派发红股征免个人所得税的通知》（国税发〔1997〕198 号）、《国家税务总局关于盈余公积金转增注册资本征收个人所得税问题的批复》（国税函〔1998〕333 号）等有关规定，除股票溢价发行收入形成资本公积转增实收资本不征个人所得税外，其他应按'利息、股息、红利所得'项目征收个人所得税。"

二、蓝贝望公司整体变更时，自然人股东未缴纳个人所得税

蓝贝望（430242）2013 年 1 月 29 日，公司 3 位自然人股东温光辉、宛六一、李春红出具《承诺函》，承诺蓝贝望有限整体变更为股份有限公司，股东应缴纳的个人所得税，由全体自然人股东按持股比例承担，与蓝贝望股份公司无关，若因此导致蓝贝望股份遭受任何损失和处罚，由全体自然人股东按出资

比例承担。法律依据如下：

（1）《国家税务总局关于股份制企业转增股本和派发红股征免个人所得税的通知》（国税发〔1997〕198号）规定，股份制企业用资本公积金转增股本不属于股息、红利性质的分配，对个人取得的转增股本数额，不作为个人所得，不征收个人所得税。

（2）《国家税务总局关于原城市信用社在转制为城市合作银行过程中个人股增值所得应纳个人所得税的批复》（国税函〔1998〕289号）规定，国税发〔1997〕198号中所表述的"资本公积金"是指股份制企业股票溢价发行收入所形成的资本公积金。将此转增股本由个人取得的数额，不作为应税所得征收个人所得税。

（3）《国家税务局关于进一步加强高收入者个人所得税征收管理的通知》（国税发〔2010〕54号）规定，加强企业转增注册资本和股本管理，对以未分配利润、盈余公积和除股票溢价发行外的其他资本公积转增注册资本和股本的，要按照"利息、股息、红利所得"项目计征个人所得税（实务工作中建议不引用，该文件其实不是实体政策文件，只是一个工作部署的征管文件）。

（4）此外，国家自主创新示范区的中小高新技术企业在转增股本时的税务政策适用《关于推广中关村国家自主创新示范区税收试点政策有关问题的通知》（财税〔2015〕62号）。该通知规定："示范地区内中小高新技术企业，以未分配利润、盈余公积、资本公积向个人股东转增股本时，个人股东应按照'利息、股息、红利所得'项目，适用20%税率征收个人所得税。个人股东一次缴纳个人所得税确有困难的，经主管税务机关审核，可分期缴纳，但最长不得超过5年。"

第六节　社保问题

1. 职工社保和住房公积金的缴纳

按规范要求，报告期内挂牌企业及其子公司均须为其员工足额缴纳社保费用和住房公积金，然而在实务中，大部分公司均未按要求缴纳，原因可能是基于经营成本或者业绩考虑，不愿补缴或全额补缴所欠费用。

对于社保，起源于对城镇职工权益的保护。实务中比较棘手的是农民工问题。社保五险中，中央和国务院多次会议强调的多为工伤保险和医疗保险，提倡逐步扩大农民工的应缴社保范围。对于养老保险和医疗保险，对于流动性较强、不够稳定的农民工，如其同意，可在其原籍所在地自愿参加农村养老保险和农村合作医疗保险等。而对于失业保险，国务院颁布的失业保险条例中有明确规定，农民工必须参保。生育保险未有明确要求。

目前的问题是，对于制造型及其他劳动密集型公司，基本都大量使用农民工，如果公司是在本地起步并发展壮大的农民企业，那有相当数量的农民工还是能够持续工作1年以上的相对稳定的员工。对于该部分员工的社保如何缴纳，各地规定存在差异。

关于该问题，以前的做法是，如果对公司的业绩不形成重大影响，则建议公司全部补缴；否则视影响状况，采取公司交一部分与公司控股股东及实际控制人承诺承担未补缴的法律责任相结合的方式，但一般至少会缴纳报告期最后一年及一期的。当然，具体操作中还是存在技术层面的处理技巧，如季节性用工的人数处理、农民工社保缴纳基数的确定等。

除了上述农民工社保难题外，实践中还存在由于不同地区缴纳社会保险具体执行情况不同以及新农合与城镇社保试点融合的推进程度不同，导致城镇职工社会保险和新农合的缴纳在具体操作层面存在地区差异的情况。在城镇职工社会保险体系与新农合体系可以并存与合并的地区，企业可以为自动选择参加新农合的职工同时缴纳城镇社会保险，而在社保执行方式与国家法律层面的规定尚未有机结合的地区，职工只能够在城镇职工社会保险与新农合之间选择缴纳一项，二者不兼容，即企业将无法为不放弃参加新农合的员工缴纳社保。此时，对不放弃参加新农合的职工，建议企业对其进行社保选择情况的说明及风险提示，并让职工出具书面声明。同时，公司控股股东及实际控制人可做出愿意承担未给职工缴纳社保而遭受的各项损失的承诺，如此则不会对挂牌造成实质性障碍。

2. 关于劳务派遣用工问题

采用劳务派遣方式用工被很多企业用于减轻员工尤其是农民工的社保缴纳压力，将部分非关键岗位的员工安置在劳务派遣公司，减少在申报主体缴纳社保和公积金的人数，能够在一定程度上掩盖企业的社保缴纳问题。但是自 2014年 3 月 1 日起施行的《劳务派遣暂行规定》（中华人民共和国人力资源和社会保障部令第 22 号）对企业劳务派遣的用工安排作出了明确的规定，将规范企业的用工行为。

《劳务派遣暂行规定》第 3 条规定："用工单位只能在临时性、辅助性或者替代性的工作岗位上使用被派遣劳动者。

前款规定的临时性工作岗位是指存续时间不超过 6 个月的岗位；辅助性工作岗位是指为主营业务岗位提供服务的非主营业务岗位；替代性工作岗位是指用工单位的劳动者因脱产学习、休假等原因无法工作的一定期间内，可以由其他劳动者替代工作的岗位。

用工单位决定使用被派遣劳动者的辅助性岗位，应当经职工代表大会或者全体职工讨论，提出方案和意见，与工会或者职工代表平等协商确定，并在用工单位内公示。"

第 4 条规定："用工单位应当严格控制劳务派遣用工数量，使用的被派遣劳动者数量不得超过其用工总量的 10%。前款所称用工总量是指用工单位订立劳动合同人数与使用的被派遣劳动者人数之和。

计算劳务派遣用工比例的用工单位是指依照劳动合同法和劳动和同法实施条例可以与劳动者订立劳动合同的用人单位。"

对于现状使用劳务派遣员工较多的企业，《劳务派遣暂行规定》也给予了一定的过渡期，第 28 条规定："用工单位在本规定施行前使用被派遣劳动者数量超过共用工总量 10%的，应当制定调整用工方案，于本规定施行之日起 2 年内降至规定比例。但是，《全国人民代表大会常务委员会关于修改〈中华人民共和国劳动合同法〉的决定》公布前已依法订立的劳动合同和劳务派遣协议期限届满日期在本规定施行之日起 2 年后的，可以依法继续履行至期限届满。

用工单位应当将制定的调整用工方案报当地人力资源社会保障行政部门备案。

用工单位未将本规定施行前使用的被派遣劳动者数量降至符合规定比例之前，不得新用被派遣劳动者。"

3. 本节相关案例

一、山东乾元泽孚科技股份有限公司有 6 名职工申明不参加城镇职工社会保险缴费

经核实，在济南地区，企业职工只能在城镇职工社会保险与新农合之间选择缴纳一项，二者不兼容。即在上述 6 名职工不放弃参加新农合的情况下，乾元泽孚将无法在济南当地社保部门为其缴纳城镇社会保险。为此，乾元泽孚向上述 6 名员工进行了社保选择情况的说明及风险提示，6 名职工均出具了书面声明，声明不参加城镇职工社会保险。

同时，乾元泽孚的控股股东彭泓越承诺，若公司因为未向上述 6 名职工缴纳城镇社会保险发生争议或遭受行政处罚，彭泓越愿意承担公司因未给上述 6 名职工缴纳城镇职工社会保险而遭受的各项损失。

中介机构认为，乾元泽孚上述 6 名职工自愿声明选择参加新农合并放弃城镇职工社会保险系其真实意思表示。鉴于济南地区的特殊情况，乾元泽孚目前只能采取上述 6 名职工参缴新农合的模式，待将来济南地区社保执行方式与国家法律层面的规定有机结合时，乾元泽孚将及时为上述 6 名员工缴纳城镇社会保险。同时，乾元泽孚控股股东彭泓越做出承诺，在济南地区相关具体规定出台前，由其本人承担公司因未给上述 6 名职工缴纳城镇职工社会保险而遭受的所有损失。故，公司未给 6 名职工缴纳城镇职工社会保险不会对本次股票挂牌造成实质性法律障碍。

二、优网科技劳务派遣用工问题

优网科技股份有限公司《公开转让说明书》披露，公司成立伊始，公司员工全部采用劳务派遣形式。2004 年 9 月 9 日，公司与上海东凌国际人才有限公司（以下简称"东凌国际"）签订了《派遣合同》，2010 年 9 月 29 日和 2012 年 2 月 3 日公司与东凌国际续签该合同，约定东凌国际根据公司劳务用工的需要，向公司派遣劳务人员；由东凌国际为派遣人员缴纳社会保险；公司为相关派遣人员购买团体工伤综合保险；公司按照劳务派遣人数情况向东凌国际支付管理费。

2013年4月，公司中高层管理人员与全部研发技术人员，终止与东凌国际的劳动合同，与公司签订劳动合同。截至2013年4月30日，公司尚有14名后台辅助人员仍采用劳务派遣方式，主要原因系该14名员工承担辅助性业务工作，工作专业技术能力不强，且流动性较大。公司将逐步解决部分员工劳务派遣问题。

优网科技还披露，公司已根据国家和地方政府的有关规定，为已经签订了劳动合同的员工缴纳了基本养老、医疗、失业、工伤、生育等社会保险和住房公积金。截至2013年4月30日，公司劳务派遣人员共有14名，派遣公司已按《劳务派遣合作协议》约定为公司14名劳务派遣人员缴纳社会保险，不存在漏缴和未缴情形。

公司控股股东及实际控制人共同出具关于劳务派遣的《承诺函》，承诺："如优网科技（上海）股份有限公司因违反社会保险及住房公积金相关法律法规或规范性文件而受到处罚或损失，或因劳务派遣单位上海东凌国际人才有限公司未缴纳社会保险、住房公积金等损害被派遣劳务人员利益情形，导致股份公司须承担连带赔偿责任或遭受处罚的，本人将全额承担优网科技（上海）股份有限公司的补缴义务、罚款或损失，并保证优网科技（上海）股份有限公司不会因此遭受任何损失。"

图书在版编目（CIP）数据

新三板挂牌操作实务与业务要点解析／平云旺著．
—北京：中国法制出版社，2016.2
ISBN 978 - 7 - 5093 - 7242 - 5

Ⅰ.①新… Ⅱ.①平… Ⅲ.①中小企业 – 企业融资 –
中国 Ⅳ.①F279.243

中国版本图书馆 CIP 数据核字（2015）第 022108 号

策划编辑　刘　峰（52jm. cn@ 163. com）
责任编辑　张　津（zj2007011567@163. com）　　　　　　　封面设计　周黎明

新三板挂牌操作实务与业务要点解析
XINSANBAN GUAPAI CAOZUO SHIWU YU YEWU YAODIAN JIEXI

著者/平云旺
经销/新华书店
印刷/三河市紫恒印装有限公司
开本/710 毫米 × 1000 毫米　16　　　　　　　印张/12.75　字数/ 151 千
版次/2016 年 3 月第 1 版　　　　　　　　　2016 年 3 月第 1 次印刷

中国法制出版社出版
书号 ISBN 978 - 7 - 5093 - 7242 - 5　　　　　　　　　　　定价：48.00 元

北京西单横二条 2 号　　　　　　　　　　值班电话：010 - 66026508
邮政编码 100031　　　　　　　　　　　　传真：010 - 66031119
网址：http：//www. zgfzs. com　　　　**编辑部电话：010 - 66053217**
市场营销部电话：010 - 66033393　　　**邮购部电话：010 - 66033288**

（如有印装质量问题，请与本社编务印务管理部联系调换。电话：010 - 66032926）